Martin Hecht

WAHRE FREUNDE

Martin Hecht

Wahre Freunde

Von der hohen Kunst
der Freundschaft

Deutsche Verlags-Anstalt
München

Autor und Verlag danken dem Zürcher Bajazzo-Verlag
für die Erlaubnis, die Titelformulierung »Wahre Freunde«
für dieses Buch verwenden zu dürfen. 2005 erschien dort
von Manuela Olten das Kinderbuch »Wahre Freunde«.

Bibliografische Information Der Deutschen Bibliothek
Die Deutsche Bibliothek verzeichnet diese Publikation
in der Deutschen Nationalbibliografie; detaillierte
bibliografische Daten sind im Internet über
http://dnb.ddb.de abrufbar.

© 2006 Deutsche Verlags-Anstalt, München,
Verlagsgruppe Random House GmbH
Alle Rechte vorbehalten
Typographie und Satz: DVA/Brigitte Müller
Gesetzt aus der Bembo
Druck und Bindung: GGP Media GmbH, Pößneck
Printed in Germany
ISBN-10: 3-421-05921-7
ISBN-13: 978-3-421-05921-5

für Gabriele,
meine wahre Liebe

»*Wirklich gute Freunde sind Menschen,
die uns genau kennen und trotzdem zu uns halten.*«

MARIE VON EBNER-ESCHENBACH

Inhalt

Vorwort – Die neue Freundschaft 13
Einleitung – Netzwerk statt Fachwerk 17

Freund oder Freundchen? 27

Was ist wahre Freundschaft? 27 – Freundschaft
einst und heute 29 – Eine Sache des Gemüts 30
Teilnehmen am Schicksal des anderen 32
Offenheit und Vertrautheit 35 – Selbstzweck statt
Networking 38 – Kumpel und Konsorten 41
Gleiche Augenhöhe 43 – Falsche Freunde I:
Dominante und Domestiken 43 – Hausfreunde
sind keine Freunde 47 – Falsche Freunde II:
Zyniker-Teams 49 – Falsche Freunde III:
Berufsjugendliche 52 – Freunde der Jugend 55
Freundschafts-Update 61

Zeichen und Wunder – Freundschaftsbeweise 67

Stumme Freunde 67 – Wagnis des Schenkens 69
Kleine Geschenke erhalten die Freundschaft
nicht 72 – Knausrigkeit bleibt nie unbemerkt 74
Danaergeschenke 77 – Persönliche Paßgenauig-
keit 80 – Nur der Empfänger entscheidet 83
Nagelprobe Umzugshilfe 84 – Vom Umgang
mit Geld unter Freunden 87 – Schützen,
Beistehen, Verteidigen: Freunde in der Not 88
Nicht mehr ganz bei Trost 91
Die Kunst des Dankens 99

REIFEPRÜFUNG 101

Too old to Rock 'n' Roll, too young to die 103
Raus aus der Regression! 106 – Sich selber
Freund sein 110 – Erkenne dich selbst! 112
Wie wirke ich auf andere? 114 – Aufmerksam und
geistesgegenwärtig 116 – Einfühlungsvermögen
und Herzensbildung 118
Reifedefizite führen zum Konflikt 119
Dauerbaustelle Freundschaft 121
Die neue Mündigkeit 128

GLEICHGEWICHTSSTÖRUNGEN – BAD VIBRATIONS 131

Ursachen von Freundschaftskrisen I: Enttäuschte
Erwartungen 132 – Das Problem der
»hidden agenda« 136 – Nervende Nähe 139
Beziehungsfalle: Urlaub mit Freunden 141
Ursachen von Freundschaftskrisen II: Konkurrenz
und Neid 143 – Mitleid ist keine Basis 151 – Ursachen
von Freundschaftskrisen III: Gefährdungen
durch Dritte 152 – Erotik schlägt Freundschaft 154
Geht nie gut: Glückliches Paar trifft
unglückliches Paar 157

KRIEG UND FRIEDEN 159

Krisensymptome I: Oberflächlichkeit regiert 159
Ausreden und Notlügen 160 – Krisensymptome II:
Nur noch bei Gelegenheit 163 – Krisensymptome III:
Geiz zieht ein 166 – Krisensymptome IV:
No Tolerance 168 – Der große Showdown 172
Absurdes Theater 174

Konfliktklassiker: Der ewige Egoismus-Vorwurf 176
Konfliktmanagement I: Ebenbürtigkeit trotz Kritik 181
Konfliktmanagement II: Das kleine Einmaleins 182
Vorbeugende Maßnahmen I: Gegenwartshandeln 186
Vorbeugende Maßnahmen II: Öffnen der »hidden
agenda« 187 – Brechen oder sprechen? 190 – Lieber
dramatisieren als bagatellisieren 192 – Wenn
das Ende richtig ist 193 – Wo es sich lohnt:
Versöhnung 195

STERNSTUNDEN –
GOOD VIBRATIONS 199

Musik ist Trumpf 200 – Inszenierung der
Freundschaft 203 – Wanderlust: Schön ist die Welt 205
Gemeinsam trinken, gemeinsam speisen 207
Erzählen, Räsonieren, Scherzen 210 – Sich sorgen
und stärken 212 – Humor, Witz und Geist 214
Immer locker bleiben 217

UNTER FREUNDEN – Ein Nachspiel 221

ZUM AUTOR 223

Vorwort – Die neue Freundschaft

Freundschaften sind heute so wichtig wie nie zuvor. Nicht wie manche meinen, weil wir gute Kontakte brauchen, um noch effizienter zu sein. Wir entdecken Freundschaft neu, weil die Bindungen zu unseren Lebenspartnern und Familien immer öfter zerbrechen. Der Bruch ist zur Normalität geworden. Aber er hat eine große Lücke hinterlassen – und eine neue Sehnsucht geweckt. Nach dem Ende der alten Beziehungen wollen wir eine neue Verbindlichkeit schaffen. Nichts eignet sich dafür besser als Freundschaft – aber nur, wenn wir sie neu bestimmen.

In diesem Buch geht es um eine neue Freundschaft. Freundschaft im 21. Jahrhundert – das ist Freundschaft unter Menschen einer neuen Generation. Ich bin einer davon: eigenwillig und anspruchsvoll, empfindsam und kritisch, Typen, denen man es eigentlich nie recht machen kann, vor allem wenn es um die Beziehungen zu ihren Nächsten geht. Aber wir fordern nicht nur, wir sind auch bereit, in unsere Freundschaften zu investieren, heute viel mehr noch als früher einmal.

Was andere unbescheiden oder charakterlich bedenklich nennen, rechne ich uns nur allzuhoch an: Denn dieses Buch ist von der Überzeugung getragen, daß wir nicht dazu geboren sind, uns im Leben mit Kompromissen abspeisen zu lassen – nicht wenn es um Beziehungen zu Menschen geht, denen wir uns verbunden fühlen. Mag sein, daß der heilige Kompromiß in anderen Lebensbereichen manchmal tatsächlich der goldene Mittelweg ist. In den Beziehungen zu unseren Lebenspartnern und Freunden ist er durchweg nur faul und billig. »Man muß sich eben mit der Welt und ihren Menschen arrangieren.« Ein grauenvoller Satz, meist nur aus den Mündern von Frustrierten – oder den Behäbigen und Bequemen. Arrangieren tut man sich nur mit Zellengenossen und allerlei Mißständen, die man für sich irgendwann als unabänderlich akzeptiert hat, am Ende mit der eigenen Resignation. Sich mit dem Leben nur zu arrangieren – dazu sollten wir uns zu schade sein. Das Leben ist zu kurz, um sich mit Kompromissen abzugeben. Wir wollen wahre Freunde!

Auf diesen Seiten geht es darum, wie wir es schaffen, unsere Freunde durch das Auf und Ab einer Freundschaft zu bewahren und die Beziehungen zu ihnen verbindlicher zu gestalten, indem wir unsere Wünsche und Erwartungen aussprechen und verwirklichen, aber genauso die Schwachpunkte ausloten und die Gefährdungen umschiffen, von denen auf Dauer keine Freundschaft verschont bleibt. Mir geht es nicht um die Beschreibung eines unerreichbaren Ideals, sondern darum, wie es gelingt, die bestehenden Beziehungen zu unseren Freunden auf eine neue bewußtere, befriedigendere Ebene zu stellen.

Aber sind wir hybriden Individualisten überhaupt zur Freundschaft fähig? Braucht es dazu nicht viel pflegeleichtere Typen? Wenn diese neue Freundschaft eine so anspruchsvolle Angelegenheit ist, muß man dann nicht befürchten, daß wir zum Scheitern verurteilt sind? Sollte man sie nicht gleich als Schwärmerei, Hirngespinst, als eine überdrehte Utopie abtun? Ist es mit der Freundschaft nicht weit profaner, weil wir Menschen keine Engel sind – und bleibt am Ende nur, wer auf so hohe Ideale setzt, ein einsamer Mensch? Ein Freund hat mit gesagt: »Mit deiner Haltung stellst du dich selbst ins soziale Abseits, eine solche 5-Sterne-Freundschaft gibt es doch gar nicht.«

Ich bin anderer Meinung: Das Ideal paßt zum Menschentyp dieser Zeit. Ein anspruchsvolles Ideal zu verfolgen heißt auch nicht automatisch, einsam zurückzubleiben. Ganz im Gegenteil. Einsam sind wir doch längst. Erst wenn wir es schaffen, eine neue Form von Freundschaft zu realisieren, in der wir auch in unserer ganzen Persönlichkeit anerkannt und geschätzt werden, werden wir die Verbundenheit schaffen, die uns aus der Isolation herausführt. Denn von unseren Freundschaften wollen wir nicht länger nur ein wenig Zerstreuung und Kurzweil, sondern viel mehr, was man eine tiefgehende Beziehung nennt.

Freunde der schweigenden Zunft oder diejenigen, die Gefühlsdinge für prinzipiell nicht mitteilbar halten, werden mit diesen Zeilen nichts anfangen können. Auch jene nicht, die sich vor Konflikten lieber wegducken und denen der Weg des geringsten Widerstands der angenehmste ist. Das Buch ist vielmehr für alle geschrieben, die willens sind, sich und ihre Freundschaftsbeziehungen zu reflektieren und in Frage zu stellen. Es richtet sich an jene, denen es nicht genug ist, Freundschaft unter Schenkel- und Sprücheklopfern zu suchen oder unter denen, die den Leiterwagen mit zwei Kästen Bier beim Vatertagsausflug hinter sich her ziehen und sich allein schon deshalb unter besten Freunden wähnen. Es richtet sich an die, die Lust auf wirklich *erfüllende* Beziehungen haben – aber ganz gewiß nicht an die, die die eigene Bindungsunfähigkeit hinter einem ewig verklemmten Bildungsdünkel verbergen, Ehrentölpel und Tugendgänse, die mit erhobenem Zeigefinger von der »hehren Freundschaft« à la Goethe psalmodieren, jedoch in ihrer eigenen Lebenspraxis keine einzige verbindliche Sozialbeziehung zustande bekommen.

Es kommt im Leben nicht alles auf die Freundschaft an. Trotzdem, sie ist nicht wenig. Wer wahre Freunde hat, kann sich glücklich schätzen, denn sie machen das Leben schöner und reicher. Viel schöner und reicher als jeder Erfolg in Beruf und Karriere. Warum machen wir dann nicht ernst damit? Warum findet sie so oft nur am Rande statt – und so selten zur *prime time* unserer Lebenszeit? Warum fassen wir unser ganzes Leben nicht mehr als eine Art Spiel auf, das wir alle zusammen absolvieren müssen, jeder auf seine Art, jeder mit seinem Glück unterwegs und seinem Päckchen beladen, warum sehen wir nicht in den Freunden Menschen an unserer Seite, die den gleichen eng gesteckten Parcours des Lebens durchlaufen müssen, ganz so wie wir selbst, und warum teilen wir nicht mehr unserer Empfindungen und Erlebnisse – und werden reich daran?

Es braucht dazu nicht nur den einen Freund, auf den wir ein Leben lang warten und ihn womöglich verpassen. Es braucht zuerst einmal den Willen und den Mut, Freundschaften zu schließen und dazu die richtige Steuerkunst, um das Schiff der Freundschaft sicher durch die unruhigen Wasser eines ganzen Lebens zu lenken. Es braucht dazu, mehr denn je, eine Kunst der Freundschaft. Wer sie beherrscht, dem winkt ein schöner Preis. Wer wahre Freunde hat, hat mehr vom Leben.

Martin Hecht

Einleitung – Netzwerk statt Fachwerk

*D*er Beziehungsbruch ist die soziale Grunderfahrung unserer Zeit. Zuerst zerbrach, was man die traditionellen Sozialbeziehungen nennt: Familie und Ehe, Großfamilie und Gemeinde. Doch längst geht der Riß tiefer und hat auch die freien Wahlbeziehungen zu unseren Liebes- und Lebenspartnern erfaßt. Wir haben uns daran gewöhnt, ein unvorhersehbares Leben zu führen und immer wieder neu anzufangen.

Das ist kein Zeichen einer neuen Übermütigkeit. Nicht aus Jux und Tollerei sind wir alle plötzlich Beziehungshasardeure und Bruchpiloten geworden, verantwortungslose Egoisten und beziehungsunfähige Lüstlinge im Trümmerfeld der Erlebnisgesellschaft. Wenn heute mehr und mehr Beziehungen brüchig werden oder bereits zerbrochen sind, dann nicht, weil wir nicht mehr den nötigen Ernst mobilisieren könnten, den sie erfordern. Vielmehr hat der Bruch den Schrecken verloren, der ihn einst umgab – und wir selbst sind mutiger geworden.

Die meisten Ursachen dafür liegen außerhalb unserer Zuständigkeit: Der äußere, soziale Druck, der die Menschen in alter Zeit noch in die alten Beziehungen hineinpreßte und verhinderte, daß einer ausscherte, hat deutlich nachgelassen. Gleichzeitig haben aber der Wille und das Selbstbewußtsein erheblich zugenommen, Beziehungen auch aufzugeben, wenn sie die eigene Lebensqualität so sehr beeinträchtigen, daß alles nach einer Alternative schreit. Beides sind Wirkungen weltgestaltender Entwicklungen: des Erlahmens der Tradition und ihrer disziplinierenden Kraft auf die Menschen und der Individualisierung der einzelnen, die bald allein der eigenen Person die

Gestaltung der Sozialbeziehungen überträgt. Wo zuvor noch Traditionen, Konventionen, Gepflogenheiten fast alles festlegten, ist es jetzt der befreite Mensch selbst, der seine Beziehungen autonom gestaltet.

Es ist der Individualismus als große Kraft unserer Epoche, der uns dazu führt, Beziehungen, die wir früher nur äußerst selten in Frage gestellt hätten, auf ihre wahren Vorzüge zu prüfen – und gegebenenfalls auch einen Schlußstrich zu ziehen. Die Zeit unverbrüchlicher Gemeinschaftsformen, deren umfangreichste man einmal die »Heimat« nannte, ist zu Ende. In ihr gab es noch einen äußerst haltbaren Kitt, der die Menschen zuverlässig in ihren Sozialbindungen hielt: die Tradition und, ihr zugrunde liegend, die Religion. So unabänderlich sie waren, so unkündbar war die Zugehörigkeit zu den alten Beziehungsformen wie Gemeinde, Stand, Sippe, Großfamilie, Familie, Ehe. Weil sie für das ganze Leben geschaffen waren, waren sie gleichsam Institutionen – mit ewiger, von Gott gegebener Gültigkeit. Jahrtausendelang waren diese starren Institutionen stärker als der eigene Wille. Doch wir haben uns aus den alten Zwängen befreit und folgen nun dem eigenen Willen. Großtante Agathe und Großonkel Wilhelm konnten noch nicht anders, wir dagegen schon.

Was man Individualisierung nennt, ist selbst schon in die Jahre gekommen. Die Gesellschaft in ihrer Breite von Grund auf verändert hat sie aber erst seit ungefähr dreißig, vierzig Jahren. Erst in den letzten Jahrzehnten sind tatsächlich die letzten übriggebliebenen Institutionen zerbrochen. Wir alle sind Zeugen ihres Verschwindens und haben meist nur noch schwache Erinnerungen an die letzten Regungen dieser Zeit. Bei manchen dürfte es in der Kindheit und Jugend noch Reste dieser Lebensform gegeben haben, ein geregeltes Familienleben, festgefügte Institutionen von Heimat. Zum Beispiel Mütter, die sich noch klaglos in ihr Rollenlos fügten, die Küchenschürze anlegten, Hausfrau waren und für zwei, meist aber drei oder vier Kinder die Mahlzeiten bereiteten. Dazu Väter, die vom Büro und vom Büroärger zum Mittagessen nach Hause kamen und stets am oberen Tischende Platz nahmen. Auch wenn vielen Kindern nicht verborgen blieb, daß in manchen dieser Elternbeziehungen nicht gerade die wahre Liebe das tragende Element des partnerschaftlichen Zusammenschlusses war – die Institutionen waren noch mächtiger als der freie individuelle Wille und schafften eine gewisse Heimatlichkeit. Dazu gehörten Kirchgänge, Reste eines kirchlich strukturierten Jahreslaufs mit seinen Festen, Verwandtschaftsbesuche, Kaffee und Kuchen am Sonntagnachmittag, vielleicht noch der Ernteeinsatz bei Opa auf dem Bauernhof oder Äpfelauflesen im Garten der Großeltern.

Vielleicht sind wir Menschen des 21. Jahrhunderts die ersten, für deren Lebensführung Institutionen keinen nennenswerten Einfluß mehr ausüben. Wir sind so frei, ungebunden, autonom, wie es keine Generation vor uns je gewesen ist. Aber doch will sich das Glück nicht recht einstellen. Wir sind in eine befreite Autonomie entlassen, machen aber die leidvolle Erfahrung, daß deswegen noch lange nicht das Paradies auf Erden winkt.

Eine neue Verunsicherung hat sich unter vielen breitgemacht, die im offenen Meer der Freiheit treiben, von der Aufgabe überfordert, Bündnisse des Zwangs durch Bündnisse des freien Willens zu ersetzen. Dazu kommt ein Einsamkeitsgefühl, das ganz anders ist als die Art der Verlassenheit, die manchmal den Mensch der alten Zeit befiel. Diese neue Einsamkeit ist grundsätzlicher: eine Art existenzieller Heimatlosigkeit und gemütsbezogener Isolation. Je mehr unsere Persönlichkeit zum Durchbruch drängt und ihr Recht einfordert, um so mehr, so scheint es, verlernen wir, Teil einer Gemeinschaft zu sein. Wie weit die Vereinzelung fortgeschritten ist, sieht man am besten daran, wie selten es uns nur noch gelingt, uns mit einem Gemeinschaftstyp, einer Gemeinde, einem Verein oder einer Partei zu identifizieren und Zugehörigkeitsgefühle zu mobilisieren. Obwohl es eine neue Sehnsucht nach Verbindlichkeit und Verwurzelung gibt, tun wir uns schwer, neue Bande zu knüpfen. Nicht weil wir nicht wollen, sondern weil es uns immer ausgeschlossener erscheint, Selbstverwirklichung und Zugehörigkeit zu einer Gemeinschaft miteinander zu vereinbaren.

Das Sicherheitsnetz der alten Heimat gibt es nicht mehr. Wer nach dem Bruch keine neue Beziehungen zustande bringt, ist heute tatsächlich von Gott und der Welt verlassen. Wenn alle Stricke reißen, landen wir direkt auf dem harten Hosenboden unserer einsamen Existenz. Doch die Einsamkeitserfahrung ist heute nicht nur radikaler, sondern auch ganz anderer Art. Zogen früher einmal Einsamkeitsgefühle auf, wenn man alleine war – jenseits der Heimatgrenzen –, so sucht uns die neue Einsamkeit ausgerechnet inmitten der dichtgedrängten Masse heim, wenn wir von all denen, die uns nahe sind, nicht erkannt, nicht wahrgenommen, nicht berührt zu werden. »Sie haben keine neuen Nachrichten!« ist heute der Satz, vor dem uns vielleicht am meisten graut, vor allem wenn ihn jene künstliche Frauenstimme im Mobiltelefon ohne jeden Trost herunterbetet.

Die alte Welt der Heimat war eine Art emotionaler Behälter, der geliebt oder gehaßt wurde, jedoch eine Zugehörigkeitsgarantie in bestimmten Beziehungsformen mitlieferte. Der Heimat konnte man sich sicher sein, in ihr lag eine unaufkündbare Verbindlichkeit. Sie war immer beides: einmal wohlige Sicherheit und Aufgehobenheit, aber dann auch verhaßtes Gefangensein, zwanghafte Enge und miefige Nähe. Genauso dialektisch ist die Lebensform, die die alte Heimat abgelöst hat. Bestand die Gefahr der alten heimatlichen Lebensweise in der Einengung, im Eingesperrtsein und Unterdrücken des eigenen Willens, so die der neuen darin, im Meer der Möglichkeiten verlorenzugehen, einsam zu bleiben.

Obwohl beide Formen sowohl Vor- als auch Nachteile haben, scheint es doch, als schneide die neue heimatlose Autonomie besser ab als die traditionelle Lebensweise. Der Welt der alten Institutionen wohnt selbst im Idealtyp immer ein gewisses Maß an Zwanghaftigkeit und Unfreiheit inne, die beide der Preis des Schutzes sind, den sie spendet. In Gemeinschaften des freien Willens scheint dagegen beides machbar, ein Maximum an individueller Freiheit und zugleich eine Geborgenheit, wie sie die alte Heimat kannte. Was konservative Kulturkritiker bis heute nicht wahrhaben wollen: Uns modernen Existentialisten winkt nach dem Verschwinden der alten Gemeinschaftsformen tatsächlich die einzigartige Möglichkeit, der neuen Einsamkeit zu entgehen, indem wir neue Bündnisse schließen. Die Haltlosigkeit ist nicht unabwendbar. Es besteht die Chance, anstelle der alten Institutionen neue Netzwerke, neue Wahlverwandtschaften zu gründen. Das Konzept lautet mit einem Wort: *Freundschaft*. Freundschaft ist die Möglichkeit einer Vertrautheit, ja Geborgenheit ohne jede Zwanghaftigkeit in heimatlosen Zeiten. Sie tritt an mit dem Glücksversprechen, Verbundenheit in die moderne Welt zurückzubringen und dabei alle Zwanghaftigkeit draußen zu lassen. In ihr gelingt die Bewahrung freiheitlicher Autonomie und gleichzeitig ein Leben mit anderen, die uns schützen und verbindlich sind.

Oder trügt die Vision? Könnte es nicht auch so sein, daß am Ende die Freundschaft genauso untergeht wie die traditionellen Beziehungen, weil sie unter dem Druck der Individualisierung selbst über kurz oder lang dem Untergang geweiht ist? Vorab scheint für die Freundschaft zu sprechen: Der Drang nach Autonomie entfesselt in ihr nicht wie in den traditionellen Bindungen über kurz oder lang beziehungssprengende Kräfte. Er ist vielmehr die Voraussetzung ihres Zustandekommens. Das Wesen aller Freundschaft liegt ja in einem Sich-Gegenüber-Treten auf vollkommen gleicher Augenhöhe. Hierin unterscheidet sie sich zu traditionellen Beziehungen, in denen der Zwang oft jede Gleichheit verhinderte. Selbst im Vergleich zur erotischen Liebe wird deutlich: ein Freund oder eine Freundin kann uns Wahrheiten viel rücksichtsloser ins Gesicht sagen, die wir vielleicht unserem Lebenspartner nicht so ohne weiteres verzeihen würden. »Mein Gott, bist Du dick geworden!« oder »Deine Designerbrille sieht vielleicht Scheiße aus!« Gerade in der romantischen Liebe wollen wir nicht verletzen und verkneifen uns die letzte Ehrlichkeit. In der Freundschaft wird sie zur Tugend im Sinne einer konstruktiven Ich-Spiegelung durch den anderen.

Zu dieser schonungslosen Gleichheit kommt aber noch ein weiterer Bonus: Freundschaft ist von höchster *Freiwilligkeit,* noch viel freiwilliger als etwa eine Liebesbeziehung, denn die Art ihrer Loyalität kennt keine unbedingten Pflichten. Viele Bündnisse der erotischen Liebe pflegen noch immer irgendwann auch zu Gesetzes- oder zumindest Pflichtbeziehungen zu werden, wie Montaigne von den Liebesbeziehungen zwischen Mann und Frau meint. Nur deren Beginn sei wahrhaft frei, schreibt er in seinen *Essais,* während die Fortführung und Dauer oft von ganz anderem abhängig ist als von unserem Wollen. Nichts hingegen sei »so voll und ganz das Werk unseres freien Willens wie Zuneigung und Freundschaft«. In ihr gelingt die Befreiung von den alten Zwängen und Pflichten, denn nicht mehr mit wem wir zufällig geboren und aufwachsen müssen wir auf Gedeih und Verderb ein Leben lang auskommen, sondern verbunden fühlen wir uns nun den Menschen, die wir uns zur Freundschaft erwählen.

Leider ist es nicht so einfach. Was sich in der Theorie schlüssig anhört, stellt sich in der Praxis nicht ohne weiteres ein. Die gleiche Freiwilligkeit ist nicht nur der Segen aller Freundschaft, sondern ihre höchste Gefahr. Zwar kann man sich als Grundlage einer erfüllenden Beziehung kaum etwas so Ideales vorstellen als höchste Freiwilligkeit, aber genau darin steckt auch erhebliche Brisanz.

Gute Freunde kann man nicht trennen, sagt ein Sprichwort. Das stimmt. »Man« kann sie nicht trennen, sie sich selber aber sehr wohl. Denn in der Freundschaft gibt es kein Treueversprechen mehr, ja nicht einmal irgendeine der Treue vergleichbare Gewähr der Beständigkeit. Freundschaft bezieht ihre ganze Energie einzig aus dem Gefühl und Willen derer, die sich in ihr zugetan sind. Dieser Wille kann aber jederzeit wieder entzogen werden, keine Regel, kein Gesetz oder Vertrag zwingt ihn, länger beim anderen zu verweilen, als er Lust und Laune hätte. Freundschaft ist zwar die freieste aller möglichen Beziehungsformen, zugleich aber auch die riskanteste. Kein Wunder, wenn die Erfahrung lehrt, daß es nur wenige dauerhafte glückliche Freundschaftsbeziehungen gibt.

Sie zu pflegen ist zudem eine schwierige Aufgabe in einer Welt geworden, in der äußere Gefährdungen wie Flexibilität und Mobilität des Lebens genauso zugenommen haben wie jenes innere Effizienzdenken, für das stellvertretend der Name McKinsey steht und das längst auch unsere private Lebensführung erreicht hat – und unsere Freundesbeziehungen bedroht. Dazu kommen die gestiegenen Empfindlichkeiten unserer modernen Charaktere. Wo die Empfindlichkeit hoch ist, sind es bald auch die Erwartungen. Freundschaft erweist sich plötzlich als höchst anspruchsvolles Ideal, das viel mehr aushalten muß als früher einmal. Oft ist es zuviel, und die Erfahrung, die nur wenigen erspart bleibt, ist die Enttäuschung, daß auch Freundschaften begrenzt sind – oder sich solche Beziehungen, die man sich wünscht, nicht realisieren lassen: »Ich finde nie jemanden, der zu mir paßt.«

Die Aufgabe ist schwierig genug. Dennoch, das Projekt der neuen Freundschaft hat beste Voraussetzungen, ein taugliches Konzept der Lebenskunst in unserer Zeit zu werden. Denn die Hindernisse sind nicht in dem Umfang gewachsen wie die Chancen. Individualisierung bedeutet eben auch etwas anderes: einen erheblichen Zugewinn an einer individuellen Qualifikation, die der Sache der Freundschaft zugute kommt. Gemeint ist die Fähigkeit, nicht länger nur den eigenen Projektionen auf den Leim zu gehen – einer Idee des Freundes, die wir uns im Kopf zusammensetzen und die nicht unbedingt identisch ist mit der Wirklichkeit –, sondern dem anderen wahrhaft gerecht zu werden.

Dies gelingt, weil wir heute viel besser uns selbst, den anderen und schließlich alle möglichen Stimmungen und Schwingungen des Gemüts erkennen können, die es zwischen Freunden geben kann. Die Ausgangsqualifikation hat sich deutlich verbessert. Wir stehen Entwicklungen in unseren Freundschaften nicht mehr sprachlos gegenüber. Wir beklagen nicht einmal das unverhoffte Ende der einen und bejubeln das andere Mal plötzlich und unerwartet aufziehende Sternstunden der anderen, ohne daß wir wüßten, wie uns geschieht, sondern wir haben mittlerweile Zugang zu den Geheimnissen des Gelingens. Wir sind dabei zu lernen, unsere Freundschaften zu gestalten und zu lenken.

Unter diesen Voraussetzungen verspricht der Weg in die neue Freundschaft aussichtsreich zu werden. So verliert auch die bindungs- und haltlose Freiheit, in die wir entlassen sind, ihren Schrecken. Plötzlich erkennen wir, daß die neue Freiheit auch eine Freiheit zur Freundschaft ist. Wir erkennen, daß es nicht nur bedauernswert, sondern auch notwendig ist, aus den alten Zwängen herauszufallen, Schutz und Enge hinter uns zu lassen, um für das Eingehen von Freundschaften frei zu werden.

Die traditionelle Lebensweise hatte wenig Raum für wahre Freundschaft. Zuviel Verpflichtung und Zwang war in ihr. Die neue Ungebundenheit hingegen macht es möglich, jenseits aller Schuldigkeit eine ganze Freundschaft zu errichten. Erst jetzt, da Sozialbeziehungen von anderen Aufgaben entrümpelt sind, kann aus dem *horror vacui*, aus der Angst vor der Leere, plötzlich ein *amor vacui* werden, denn erst der leergefegte Freiraum der nachtraditionellen Epoche hält das Geschenk bereit, unsere Beziehungen selbst und erfüllend gestalten zu können. Freundschaft im 21. Jahrhundert bedeutet die Möglichkeit, ein altes Ideal zu verwirklichen, etwas, worüber Schöngeister jahrhundertelang nur theoretisiert haben, endlich wahr werden zu lassen. Die Hürde ist hoch, aber sie ist zu meistern. Wir haben das Zeug dazu.

Freund oder Freundchen?

> *»Der einzige Weg, einen Freund zu haben,
> ist der, selbst ein solcher zu sein.«*
>
> RALPH W. EMERSON

Freundschaft ist ein großes Gefühl, das Menschen miteinander verbindet. Freundschaft bezeichnet die Welt einer Liebe. Eine Welt, nicht ganz so groß wie die Welt der romantischen Liebe, aber eine Welt mit eigener Schönheit. Bestehen die höchsten Freuden der romantischen Liebe im heißen Prickeln erotischer Gefühle, so plätschern diejenigen der Freundschaft in etwas ruhigerem Fahrwasser und reduzierterer Betriebstemperatur. Die romantische Liebe ist blind, lodernd und verzehrend, Freundschaft harmonisch, warm und kräftig. Freundschaftliche Gefühle fließen in den moderaten, aber dennoch höchst beglückenden Freuden des Hin und Her zwischen jenen, die zwischen sich die Entdeckung der Freundschaft gemacht haben. Eine gute Freundschaft ist wie ein von Könnerschaft geprägtes Ballspiel zweier talentierter Spieler, bei dem es um die Freude am Spiel, nicht um Spiel, Satz und Sieg geht: Das Glücksgefühl setzt ein, wenn der Ball wie von selbst über das Netz geht und die Ballwechsel lang, abwechslungsreich und von eleganter Hand geführt sind.

WAS IST WAHRE FREUNDSCHAFT?

Eine Freundschaft, wenn sie eine Freundschaft ist, ist immer eine echte, gute, wahre Freundschaft. Nicht alles mögliche, was landläufig darunter verstanden wird. Von

der oberflächlichen Alltagsbekanntschaft zweier Kegel-
brüder bis hin zur »Blutsbrüderschaft« oder immerhin der
hohen, edlen Ehrenfreundschaft, wie sie die Philosophen
beschrieben haben, hat man wohl noch jeder Beziehungsform das Etikett »Freundschaft« verpaßt. Tatsächlich gibt
es viel mehr freundschaftsähnliche Beziehungsgebilde als
»wahre« Freundschaften und viel mehr Beziehungen, die
wir für Freundschaften halten, es im Grunde genommen
aber nicht sind.

So wie es in Liebesbeziehungen eine Unzahl von un-
echten Formen gibt, so wie zwei von sich glauben, ihr
Bratkartoffelverhältnis sei tatsächlich eine wahre Liebe,
so unter solchen, die sich als wahre Freunde wähnen. Es
gibt vielerlei Konstruktionsfehler, die eine echte Freundschaftsbeziehung unmöglich machen. Oft bleiben sie lange
Zeit von den Beteiligten völlig unbemerkt und halten sie
nicht davon ab, sich gegenseitig als Freunde zu bezeichnen. Tatsächlich ist es heute ein verbreiteter Jammer, wenn
man Zeitgenossen von ihrer »Freundschaft« sprechen
hört, die gerade einmal die schlichte Parallelität ihrer
Bedürfnislosigkeit bei nicht mehr als rudimentärer gegenseitiger Grundsympathie zusammengeführt hat.

Es scheint, als gäbe es keine noch so dünnfasrige oder
löchrige Verbindung zweier Menschen, keinen noch so
oberflächlichen zwischenmenschlichen Kontakt, für den
die Beteiligten wie selbstverständlich den Begriff der
»Freundschaft« reservierten, nicht nur in Unkenntnis der
wahren Verhältnisse, sondern oft auch noch in der vollen
Überzeugung, daß jene Veranstaltung, die sie da unterhalten, in Wirklichkeit auch eine solche sei. Wir täuschen uns
selbst nur allzu oft und wollen bisweilen auch getäuscht
sein, denn wir neigen gerade in Freundschaftsdingen dazu,
widersprüchliche Signale und kognitive Dissonanzen auszublenden. So gibt es hinsichtlich der Frage, wer mein

Freund ist und wer nicht, tausend Mißverständnisse. Darunter wohl das erste und verbreitetste jenes, wonach ein Freund ist, wer mir nur irgendwie nahesteht oder vertraut ist.

Freundschaft einst und heute

Was heute als großes Mißverständnis gelten muß, will man an einem brauchbaren Freundschaftsbegriff festhalten, war es nicht immer. Tatsächlich bezeichnet der Begriff »Freund« in seinen historischen Anfängen nicht wie heute Menschen unserer *Wahl*, sondern zuerst ganz pauschal all diejenigen, die einander aufgrund ihrer Lebensumstände einfach nur nahestehen und sich wohlbekannt sind. Mit »Freund« kennzeichnete man in alter Zeit zuallererst die Verwandten, die Sippe, die Angehörigen des eigenen Clans, ferner die, die mit einem jene überschaubare Welt der Heimat teilten. Aber gerade nicht jene, die man außerhalb der Heimatgrenzen auf den verzweigten Lebenswegen hinzugewonnen hatte und erst von Fremden zu Vertrauten machte. Am Anfang ist ein Freund nicht mehr als ein Nichtfremder. Somit erklärt sich auch, daß der »Freund« seinem ursprünglichen Verständnis nach gar nicht so sehr das Gegenteil vom »Feind« ist, wie seit Carl Schmitts populärer These vom angeblichen Wesen des Politischen allgemein nachgeplappert wird, sondern der Freund ist zunächst nur der Gegenspieler des Fremden. Freund ist alles, was nicht fremd ist. Alle und jeder, die um uns in der vertrauten Welt der eigenen Heimat sind, sind uns in diesem Verständnis Freunde.

Das aber ist gerade das Gegenteil des heutigen Verständnisses, nach dem man den Freund ausschließlich als Kandidaten der freien Willensentscheidung empfindet und nicht als Zugeteilten durch die Zwänge von Geburt oder Tradition. Die Erfindung des Freundes als eines liebgewonnenen Fremden wird in dem historischen Moment gemacht, in dem zur Sippe als alleinigem Ort gemeinschaftlicher Glückseligkeit eine Alternative entsteht, die offenbar die herkömmliche familiäre an Attraktivität deutlich übertrifft. In der Freundschaft, die Bande außerhalb der Familie knüpft, wird ein Beziehungsmodell entdeckt, das aufgrund der Freiheit seiner Wahl eine tiefere und umfassendere innere Verbindung verspricht, als es noch die alten Formen taten.

Der Freund der Gegenwart hat sich aus dem alten Verständnis so weit emanzipiert, daß das heutige Ideal der wahren Freundschaft das krasse Gegenteil traditioneller Zwangsbekanntschaften ist. Freundschaft ist heute etwas so Edles und Schönes, weil sie von jedem Zweck und jedem Zwang befreit ist. Ein Freund ist nicht mehr einer, der zufällig zur gleichen Zeit am gleichen Ort ist wie wir und mit dem wir irgendwie auskommen *müssen*. Ein Freund ist jemand, den wir zur Freundschaft erwählen. Ob er sich dann auch als ein solcher erweist und nicht nur als Kumpel, Kumpan, Kompagnon, als Kamerad, Gefährte, Genosse, Vertrauter, Begleiter, Verbündeter, Spezl, Getreuer, Intimus oder doch nur als ein guter Bekannter, hängt von vielem ab, zuallererst aber von seinen *Gefühlen* und seinem *Willen*.

Eine Sache des Gemüts

In ihrem innersten Kern ist Freundschaft eine Form der Liebe, die zwei Menschen verbindet. Sie ist eine innerliche Verbindung und hat daher ihren Ursprung im Herzen, nicht im Hirn. Sicher bezeichnet sie auch Menschen, die sich gefunden haben, weil sie empfinden, daß sich ihr Verstand in ähnliche Richtungen regt. Doch zuallererst bezeichnet sie Menschen, die sich gegenseitig angezogen fühlen, weil sie eine ihrem Gemüt entspringende Zuneigung füreinander empfinden, die ein Freundschaftsgefühl auslöst.

Ein brillanter Kopf allein sagt über Freundschaftsfähigkeit nichts aus. Wer blitzgescheit ist, aber emotional noch in der frühkindlichen Trotzphase steckt: mit einem solchen Kandidaten wird, wer eine Freundschaft schließen will, nicht viel Freude haben. In der Freundschaft ist der Verstand allenfalls ein Diener des Herzens. Seine Intelligenz ist unentbehrlich, um den Gleichklang zweier Gemütsmenschen herzustellen und zu bewahren. Gebildet braucht einer nicht unbedingt zu sein, wenn er ein guter Freund sein will, aber ohne eine gewisse Intelligenz des Herzens, eine Sensibilität in Gefühlsdingen, wird er es nicht sein können.

Wie sehr das Gefühl regiert, zeigt sich schon in der frühen Phase, in der wir entscheiden, ob einer als Freund in Frage kommt oder nicht. So wie die Antipathie einem Menschen gegenüber auch noch dann, wenn er sich uns gegenüber allerbestens aufführt, fast unabänderlich bleibt, weil wir ihn irgendwie nicht riechen können, und sich ein solches grundsätzlich ablehnendes Gefühl, wenn überhaupt, dann nur langsam verändern läßt, so ist auch die Ursympathie zu einem Menschen – oder das, was man die gleiche Wellenlänge unter Freunden nennt – ein Gefühl, das wir nicht in einen x-beliebigen Menschen hineinlegen können. Es ist einfach da, instinktiv. Und tatsächlich kann einer, dem wir wohlgesonnen sind, sich wirklich lange und ausgiebig danebenbenehmen, ja sich vollends blamieren – bis wir ihm dies tatsächlich übelnehmen würden.

Es hängt zumindest in ihren Anfängen nicht vom Beherrschen der hohen Kunst der Freundschaft ab, ob eine Freundschaft zustande kommt oder nicht. Allenfalls eine gewisse innere Bereitschaft ist nötig. Fast ausschließlich kommt es aber darauf an, das nötige Quentchen Glück zu haben, auf den Richtigen oder die Richtige zu stoßen. Der US-amerikanische Psycho-Guru Dale Carnegie hat in den fünfziger Jahren einen Bestseller geschrieben: *Wie man Freunde gewinnt,* eine Art Anleitung zur Freundesbeschaffung. Das war, mit Verlaub, grober Unfug. Das Glück, überhaupt einen wahren Freund zu finden, ist in hohem Grad selbst reine Glücksache.

Zu einem Freund kann sicher nur werden, wer in uns schon auf den ersten Blick ein verbindendes Gefühl auslöst. Die Chemie muß stimmen. Außerdem sollte der Freund oder die Freundin ein bißchen so wie wir sein, denn ohne Ähnlichkeit keine Sympathie – Ähnlichkeit durchaus nicht nur in den positiven Eigenschaften. Er oder sie soll aber auch ein bißchen anders sein, denn bekanntlich sind es ja die Gegensätze, die sich anziehen und ergänzen. So wie es Liebe auf den ersten Blick gibt, gibt es eine Art »Freundschaft auf den ersten Blick« – keine Verliebtheit, aber eine Art platonischer Hingezogenheit zum anderen in allen Anfängen echter Freundschaft. Das heißt aber nicht, daß alle Freundschaften so beginnen müssen. Es gibt Freundschaften, die sogar aus Rivalitäten entstehen und bei denen man sich erst lange nach dem ersten Kontakt gut zu verstehen beginnt. Aber auch dann wird die erste Phase des guten Verstehens wie auf einer Anfangswoge warmer Sympathie erlebt – und dann wohnt auch in solch einem Anfang ein gewisser Zauber.

TEILNEHMEN AM SCHICKSAL DES ANDEREN

Nach Montaigne ist eine gute Freundschaft »eine auf wechselseitigem Verständnis beruhende innige Beziehung«. Ihr wichtigstes Merkmal, so ist hinzuzufügen, ist das *gegen-*

seitiger Teilnahme. Das klingt banal und ist doch eine erste Hürde, an der viele Beziehungen scheitern, die eine Freundschaft sein wollen. *Gegenseitig* bedeutet *ausgewogen* im Hin und Her des beiderseitigen Sich-Bemühens um den anderen. Wer immer nur hofhält, den Weg zum anderen aber nie findet, ist kein guter Freund. Umgekehrt, bei guten Freunden ist die Ausgeglichenheit des Empfangens und Besuchens selbstverständlich, so sehr wie das gleichmäßige Wechselspiel von Erzählen und Zuhören, so sehr auch, wie es beim Ballspiel erst richtig Spaß macht, wenn der Ball immer wieder hin- und herfliegt. Auch über längere Zeitabstände hinweg ist es in der Freundschaft wie im Sport: Auf Heimspiel folgt Auswärtsspiel. Nicht in jedem Fall und nicht peinlich überwacht, aber insgesamt sollten sich Heimspiele und Gastspiele die Waage halten, sonst stimmt etwas nicht. Das zeigt allein schon, daß das Spiel vor heimischer Kulisse immer viel bequemer ist als der Auftritt im Gelände des auswärtigen Sportsfreundes.

Teilnahme bedeutet mehr, als nur jemanden »irgendwie sympathisch zu finden«, mehr auch als jenes »wohlwollende Desinteresse«, mit dem wir gelegentlich uns zugeneigten Mitmenschen begegnen. Teilnahme ist das Gegenteil von Unverbindlichkeit, frei nach dem Motto: »Es ist schön, dich zu treffen, macht aber auch nichts, wenn nicht.« Auch wer Teilnahme nur als lästige Angelegenheit empfindet, wer die Frage »Wie geht es dir?« nur anstandshalber oder aus Pflichtempfinden heraus stellt, scheidet von vornherein von jeder Freundschaft aus. Ein Freund ist wahrhaft interessiert am Wohlergehen des anderen, sein Teilnehmen entspringt seiner Sorge oder auch Freude, sie ist ihm niemals nur Pflicht oder lediglich Ergebnis seiner Wohlerzogenheit.

Teilnehmen bedeutet, sich nicht nur an den *praktischen* Problemen des anderen zu beteiligen, sondern vor allem am Gemütsleben, am Schicksal seiner Person, *an seinem Leben* teilzuhaben. Das ist es erst, was den Unterschied zwischen Kameradschaft und Freundschaft macht. Mit wem wir einen Abend lang Schlupflöcher bei der Einkommenssteuererklärung oder knöllchensichere Parkmöglichkeiten im Innenstadtbereich austauschen, das mag ein freundlicher Zeitgenosse sein, ein Freund ist dies nicht unbedingt.

Erst ganz am Ende bedeutet *Teilnahme,* mit hohem Interesse den Geistesblitzen eines geschätzten Menschen zu folgen, sozusagen »geistig« auf gleicher Ballhöhe zu sein. In der Freundschaft kommt es vielmehr darauf an, dem Geistreichen auch *das Persönliche* beizumischen. Ja mehr noch, Persönliches auszutauschen rangiert in der Bedeutung weit vor all den anderen Zutaten einer gelungenen Freundschaft. Denn genau das gegenseitige Interesse an der Persönlichkeit des anderen macht den Unterschied einer Freundschaft zum *small talk* unter guten Bekannten aus, zur Geschäftsbeziehung oder etwa zum akademischen Kolloquium, wo ja gerade eine Atmosphäre der Unpersönlichkeit garantiert, daß am Ende etwas Wertvolles herauskommt.

Das *Persönliche* bezeichnet die innerste Sphäre unserer Individualität, die sich in ganz besonderen, einzigartigen Verhaltens- und Reaktionsweisen in der Verarbeitung von Lebenserfahrungen ausdrückt. Die Art des Charakters eines Menschen – und sein jeweiliger Reifezustand – bestimmen die konkrete Äußerung des Persönlichen, die individuelle Weise, seine Erfolge und Niederlagen, seinen Kampf und sein Scheitern, seine Taten und Unterlassungen zu bewältigen, zu betrauern oder zu feiern. Im Kern ist das Persönliche die Art und Weise, in der das Gemüt eines Menschen auf das reagiert, was man als sein *Schicksal* bezeichnen kann. Freundschaft bedeutet, mit einem Menschen eine durch und durch persönliche Beziehung zu führen, in der das Schicksal des einen immer wieder auch zum Schicksal des anderen wird. Sicher nicht in jeder Sekunde, aber doch immer wieder in den wichtigen Momenten dieser Freundschaft.

OFFENHEIT UND VERTRAUTHEIT

Damit es dazu kommt, muß dieses Persönliche wenigstens hin und wieder sichtbar werden. Ich muß den Mut haben, mich zu zeigen, wie ich bin, um meine Persönlichkeit dem anderen überhaupt zu erkennen zu geben. Doch diesen Mut aufzubringen ist nicht einfach. Viele Beispiele gibt es, in denen das Zeigen persönlicher Seiten nicht gerade belohnt wird, sondern Spott und Verächtlichkeit erntet, und dies so für manchen eine bittere Lektion ist, die ihn lehrt, daß er besser fährt, wenn er dieses Persönliche verbirgt, anstatt es zu offenbaren. Das führt bei vielen oft dazu, daß ihnen ihre so unverwechselbaren Seiten eher peinlich sind und sie alles dafür tun, sie lieber zu verheimlichen. Dies vor allem in der irrigen Annahme, viel bessere Chancen für eine gute Freundschaft zu haben, wenn man sich im Auftreten gegenüber dem Freund von allem Persönlichem bereinigen würde und sich neu und in einer Art gäbe, die man für unschlagbar hält. Eine solche Strategie geht jedoch nicht auf. Freundschaft will nicht gegenseitige Bewunderung für eine Inszenierung, sondern für die liebenswerte Persönlichkeit derjenigen, die sich in ihr begegnen. Wahre Freunde nehmen sich so, wie sie sind.

Freundschaft braucht *Offenheit*, und zur Offenheit muß man sich trauen, vor allem zur Offenheit des Herzens, der Offenherzigkeit. Damit sie Freunde einander gewähren, braucht es *Vertrautheit* und die Gewißheit bei den Beteiligten über die *Vertraulichkeit* in der Behandlung dessen, was nach dem *Anvertrauen* das geteilte Geheimnis zweier Freunde ist. Montaigne geht so weit, in dieser »vertraulichen Innigkeit« das Lebenselexier aller Freundschaft zu erkennen. Offen und vertraulich-innig, sicher nicht rund um die Uhr, aber doch immer wieder zu bestimmten Anlässen. »Nur wer sich vor sich selbst entblößt, ist zur Freundschaft fähig«, sagt schon Georges Bataille – und der Mann hat recht. Wer wagt, sich unverstellt zu zeigen, so wie er ist, seine Persönlichkeit zu offenbaren, ist freundschaftsfähig. Wer nur die letzten Erfolgsmeldungen nach draußen gibt, sich über Schwächen und Niederlagen aber immer nur ausschweigt aus Angst, sein Prestige könne leiden, wer stets nur sachlich und praktisch ist oder auch wer nur in Stilfragen Übereinstimmung sucht, ist es nicht. Eine solche Offenheit ist dabei keine masochistische Übung, kein Scham auslösendes »Hosen runter!« – sondern nur Ausdruck des Willens und der Bereitschaft zur Aufrichtigkeit.

Natürlich hat auch das persönliche Geheimnis seinen Ort in einer Freundschaft. Freunde müssen nicht alles und jedes miteinander teilen. Allerdings verhindert eine ständige Zugeknöpftheit, die Dauerverweigerung, Auskünfte über das eigene Seelenleben zu erteilen oder gar eine grundsätzliche Verschlossenheit jede Möglichkeit zur Teilnahme. Das gilt auch für eine rein destruktive Ironie, in die manche meinen alles hüllen zu müssen. Auch sie hat oft nur die Funktion zu verbergen. Wo immer nur gewitzelt wird, begegnen sich nur Maskenträger. Das weiß auch Robert Walser und schreibt ganz zu Recht: »Spaßhafte und lächerliche Menschen haben Mühe, sich Freunde zu erwerben. Man traut ihnen nicht, und wenn sie Spötter sind, sind sie auch kein Vertrauen wert.«

Die Offenheit, die eine Freundschaft fordert, ist alles andere als exhibitionistisch. Sie unterscheidet sich deutlich von purer Distanzlosigkeit. Sie ist nicht aufdringlich, sondern braucht ihre speziellen Orte und Gelegenheiten. Wo sie unpassend ist, ist sie schnell nur indiskret, und es gibt immer auch eine Offenheit, die befremdet oder verschreckt, denn nicht immer ist man bereit und willens, über die Abgründe des anderen eingeweiht zu werden. Manchmal tun wir auch selbst gut daran, für uns zu behalten, was nur für Irritation beim anderen, aber nicht für mehr Verständnis sorgt. Eine Offenheit im besten Sinne belästigt dagegen keineswegs, sondern ist nur geschätzte Ehrlichkeit, die es erlaubt, wie Georg Simmel schreibt, »den ganzen Menschen mit dem ganzen Menschen zu verbinden«. Nur so entsteht die Möglichkeit zum freundschaftlichen Verständnis, ja zur Identifikation: Indem wir uns in persönlichen Dingen austauschen, erleben wir den anderen und durch ihn uns selbst. Dann erst gibt uns Freundschaft das Gefühl, daß wir zusammengehören, dann vermag sie diejenigen, die sie teilen, gegenseitig zu bestätigen. Erst eine solche Offenheit ermöglicht das Gefühl unter Freunden, Teil eines gemeinsamen Schutzbündnisses gegen die Außenwelt zu sein, das zusammengehalten wird von der untrüglichen Gewißheit gegenseitiger Beistandsleistung.

Offenheit hat aber auch eine zweite Komponente. Sie bezeichnet nicht nur eine gewisse Bereitschaft zur Durchlässigkeit von innen nach außen, sondern auch umgekehrt: die Fähigkeit des Einzelnen nämlich, sein Inneres allerlei Reizen und Wahrnehmungen von außen zu öffnen, Neuem gegenüber aufgeschlossen zu sein und nicht nur ausschweifend nach außen zu geben, sondern auch unvoreingenommen aufzunehmen, was von außen, vom Freund kommt und auf einen einströmt.

Sind Teilnahme, Offenheit und Vertrautheit erfüllt, ergeben sich alle weiteren Merkmale einer guten Freundschaft wie von selbst. Die Abwesenheit von Konkurrenz- und Neidgefühlen, Verläßlichkeit, Berechenbarkeit über den Tag hinaus, letztlich jene schöne und wohl größte, dabei höchst seltene Freundestugend der *Verbindlichkeit*, sie alle werden selbstverständlich. Dazu kommt das aktive Moment einer guten Freundschaft, die nicht untätiges Wohlwollen fordert, sondern Unternehmung. Mit dem Verb »freunden« versucht Harald Lemke, Autor eines philosophischen Essays zum Thema, die tätige Seite einer guten Freundschaft zu beschreiben. Freundschaft entsteht, indem man eigens zusammenkommt, »um zu freunden«: Nicht weil der Schwarzwald so schön ist, sondern weil wir gute Freunde sind, fahren wir für drei Tage zum Wandern dorthin.

Selbstzweck statt Networking

Die anspruchsvollste Lektion in einer Freundschaft ist diejenige zu lernen, daß eine Freundschaft im Kern *reiner Selbstzweck* ist. Das Denken von den Steinen, die man sich abwechselnd in den Garten wirft, oder jenes, wonach eine Hand die andere wäscht, hat nichts mit Freundschaft zu tun, man nennt es gutnachbarschaftlich oder neudeutsch: *networking*. Obwohl der Begriff und wohl auch das, was er bezeichnet, heute Konjunktur hat, folgt *networking* keiner wirklich neuen Idee, sondern eher dem alten überkommenen nachbarschaftlichen Verständnis von Freundschaft: Ich helfe dir, du hilfst mir. Im überwiegenden Sprachgebrauch der Zeit bezeichnet *networking* nicht die Fähigkeit, eine Vielzahl tiefgehender Freundschaften zu führen, sondern eine individuelle Technik zur Steigerung der persönlichen Organisationseffizienz durch Herstellung der entsprechenden Infrastruktur: Jemanden zu kennen, der jemanden kennt, der jemanden kennt, der einem zu Nutzen sein kann oder könnte. Es bezeichnet das, was man früher das Talent nannte, Seilschaften zu knüpfen oder über gute *connections* zu verfügen. Dieses Talent erweist sich heute in wirtschaftlich angespannten Zeiten wieder als Überlebensstrategie – hat aber mit wahrer Freundschaft nichts zu tun. Im Gegenteil, jemanden zu schätzen, auch wenn er einem selbst, was die ökonomischen Gesichtspunkte des Lebens angeht, keinerlei erkennbaren Nutzen einträgt, ist erst ein Merkmal wahrer Freundschaft.

So wenig wie *networking* zählen symbiotische Formen gegenseitiger Bedürfnisdeckung dazu. Freunde haben füreinander keine soziale oder psychoemotionale Überlebens*funktion*: Zwei kraftlose Naturen, die sich gegenseitig Halt geben und stützen, aber auf sich selbst gestellt verloren wären, solche ständig aufeinander fixierten Leidensgemeinschaften sind sich vielleicht gegenseitig Nothelfer und Heimatstifter, nicht aber als Freunde füreinander geschaffen. Ihre Beziehung ist zu sehr damit beladen, sich gegenseitig Instrument zu sein, als daß genug Raum für eine unbelastete, offene Freundschaft bliebe. Genauso Menschen mit gestörter Persönlichkeitsentwicklung, die in ihren Familien unbehütet und emotional verwahrlost heranwuchsen und sich dieses Wärmedefizit in einer starken Form des aufeinander Angewiesenseins nun gegenseitig spenden. Und es gibt noch jene, die im anderen nur sich selbst zum Freund haben. Auch keine geeignete Basis für eine Freundschaft: Unter diese Kategorie fallen Zeitgenossen, bei deren Freundeswahl nicht so sehr die Persönlichkeit ihres Gegenübers den Ausschlag gibt, sondern vielmehr, daß dieser oder diese unterdrückte Anteile des eigenen Inneren auslebt, wofür man ihn oder sie eigentlich ins Herz schließt.

Solche Fälle sind allesamt fast das Gegenteil von Freundschaft. Ein Freund ist nicht ein Mittel zum Erreichen eigener Zwecke, sondern selbst das Ziel. Nicht um eines Nutzens oder Vorteils, sondern »allein um der Person des anderen willen«, gibt es Freundschaft, wußte schon der alte Aristoteles. Auch Michel de Montaigne brachte nach reiflicher Überlegung in seinem Turmstübchen auf seinem Gut bei Bordeaux den begründeten Satz zu Papier: »All jene menschlichen Beziehungen nämlich, die aus geschlechtlichem Bedürfnis oder Gewinnstreben, aus privater oder öffentlicher Notwendigkeit entstehn und gepflegt werden, sind um so weniger schön und edel und daher um so weniger wahre Freundschaften, als sich hier andere Gründe, Zwecke und Erwartungen beimischen.« Es kann sogar sein, daß in solchen Konstruktionen ein beiderseitiger Nutzen vorliegt. Auch dann sollte man nicht von Freundschaft sprechen, sondern von Zweckfreundschaft. Auch sie ist stets unbeständig und nur an Gelegenheiten gekoppelt, so daß wiederum der alte Aristoteles von allen Zweckverbündeten meinte: »Darum werden sie rasch Freunde und hören ebenso rasch wieder auf.«

Das Elend ist nur: Was einseitigem Nutzendenken entspringt, ist nicht immer leicht zu erkennen. Unter uns ausgeprägten Individualisten regiert das Denken vom Nutzen selbst Situationen, in denen wir meinen, Sternstunden wahrer Freundschaft zu erleben. »Ich habe heute abend jemanden gebraucht, um mal wieder richtig abblubbern zu können.« Ein solcher Satz aus dem Mund dessen, der sich mal wieder Luft gemacht hat, zeigt deutlich: Es geht bei seinem Gegenüber nicht um eine konkrete Vertrauensperson seines Herzens, sondern um einen Positionshalter, der zu gänzlich egoistischen Zwecken gewählt wurde. Er erfüllt für den, der sich da ausspricht, eine vollkommen personenunabhängige, rein sozialtherapeutische Ersatzfunktion, für die Berufsgruppen wie Psychotherapeuten sonst gutes Geld nehmen. Übertrieben ausgedrückt: Es könnte dem, der sich hier den Ärger von der Seele spricht, auch ein ausgestopfter Elch gegenübersitzen, der per Batteriebetrieb alle dreißig Sekunden nickt. Das kann natürlich auch ein Freund sein, muß es aber nicht.

Selbst an den Tag gelegter *Übereifer* zeugt noch nicht unbedingt von wahrer Freundschaft. Auch er entspringt nur allzu oft Beweggründen, eine psychische Ersatzfunktion zu sein. Oft leben gerade übermotivierte Freunde ohne eigenen Lebenspartner in nicht gerade beneidenswerten Lebenssituationen. Arme Menschen sind darunter, die die ganze Erlösung von ihrem Lebensdruck in der hektischen Freundespflege suchen und maßlos enttäuscht sind, wenn nicht jeder der wöchentlich 17 eingehenden Anrufe auch umgehend beantwortet wird oder es der Freund bei einem Besuch wagt, einmal vor dem Morgengrauen ins Bett zu gehen. Solche bemitleidenswerte Naturen sind keine guten Freunde, die sich für uns wie aus lauter Freundesliebe verausgaben würden, sondern nur solche mit viel innerer Leere und letztlich oft ohne jedes Gespür dafür, wann es genug ist. Sie abzuwimmeln ist nicht niederträchtig, sondern wird vielmehr irgendwann zu einem Gebot der Notwehr.

Kumpel und Konsorten

Vor allem *Geselligkeit* wird oft mit Freundschaft verwechselt. Geselligkeit ist keine Freundschaft, sondern allenfalls eine Vorform oder Ersatz dafür. Daß man sie so gerne für Freundschaft hält, liegt daran, daß Geselligkeit zweifellos auch unter Freunden ihren Wert hat, denn es muß ja auch in einer guten Freundschaft nicht immer um das Ganze, Schwere, Tiefe unseres Lebens gehen. Amüsement und

Ablenkung sind legitime Bedürfnisse auch unter Freunden. Nur schließen häufig gerade einsame Menschen gerne und vorschnell aus dem reinen Umstand, daß man Schenkel an Schenkel beisammenhockt, schon Körperwärme müßte wahre Freundschaft sein. Im Dunst der Kneipenrunde kommt zwar eine gewisse Nähe unter den Beteiligten zustande, die aber wie in einem überfüllten Stadtbus oft nur die Körper, nicht aber die Persönlichkeiten ihrer Teilnehmer erreicht.

Andere meinen, schon weil man sich so häufig sieht, müßte es gute Freundschaft sein, was da waltet. Das Quantum an gemeinsam verbrachter Zeit sagt jedoch genausowenig etwas über die Qualität einer Freundschaft aus. Daß einer mit einem anderen viel Zeit verbringt, ist nicht immer ein Freundschaftsbeweis, sondern kann schlimmstenfalls auch nur ein Zeichen dafür sein nicht zu wissen, wie man den anderen wieder loswird. Und es gibt noch ganz andere Gründe: der reine Zeitvertreib steht ganz oben oder die sozialpsychologische Funktion, einmal wieder bei dem, der uns zufällig am nächsten sitzt, kräftig Dampf abzulassen. Was diese Kumpelrunden zusammenhält, sind Bedürfnisse nach Plausch, Zerstreuung oder alkoholischer Betäubung, die in ritualisierter Form kollektiv gestillt werden, aber fast nie jenes gegenseitige Interesse, wie es Freunde verbindet. Das Wirtshaus ist für den, der Freunde sucht, der falsche Ort. Die Zwanglosigkeit, die er dort antrifft, ist meist identisch mit weitgehender gegenseitiger Indifferenz. Insofern ist auch die gesellige Runde eher ein Ort, an dem Menschen privater Nutzenkalkulation folgen und an dem sie »abschalten« wollen, als einer, den sie wegen der Einzigartigkeit der anwesenden Persönlichkeiten aufsuchen würden.

GLEICHE AUGENHÖHE

Traditionelle Sozialbeziehungen sind fast immer Abhängigkeitsbeziehungen, in die von vornherein Hierarchien eingezogen sind. Ganz anders Freundschaften. Als reine Willens- und Gefühlsbeziehungen sind sie errichtet auf der uneingeschränkten Autonomie der Beteiligten. Es gibt wohl keine andere menschliche Beziehungsform wie jene unter Freunden, in der das Prinzip der Gleichheit so uneingeschränkt herrscht. Freiwilligkeit und Eigenständigkeit derer, die sie teilen, sind die wesentlichen Grundbedingungen jeder Freundschaft.

Freundschaftliche Harmonie definiert sich dadurch, ein Spiel zwischen *ebenbürtigen* Partnern zu sein. Der Freund ist nie dauerhaft oder prinzipiell dominant, er ist nicht grundsätzlich kompetenter als der andere, er führt nicht ständig selbst, sondern läßt sich genauso einmal führen, er gibt Rat und nimmt Rat an. Freundschaft ist kein Proseminar von Besserwissern, kein Ort mit reservierten Themen, in denen der eine schulmeistert und der andere zum Zuhören verurteilt ist. In einer Freundschaft ist jedes Thema offen, jedem zugänglich, und jede Meinung wiegt so schwer wie die andere. Freundschaft ist ein Wechselspiel der Dominanzen – darin liegt ihre Qualität und Schönheit. Echte Freunde sind stets auf gleicher Augenhöhe – nicht auf jedem Gebiet, nicht in jeder Disziplin und sicher nicht in jedem Moment, aber auf jeden Fall in der Gesamtheit ihrer Persönlichkeit.

FALSCHE FREUNDE I:
DOMINANTE UND DOMESTIKEN

Eine Beziehung, die eine Freundschaftsbeziehung sein will, aber keine vollständige Ebenbürtigkeit ihrer Akteure kennt, kann keine wahre Freundschaft sein. Wo die Rollen des

Dominanten und des Domestiken auf Dauer festgelegt sind, kann keine gute Freundschaft gedeihen. Und doch gelingt es willensstarken Menschen immer wieder auf unerklärliche Weise, »Freunde« wie Subalterne oder Claqueure in großer Zahl um sich zu sammeln, sie für sich einzunehmen und um sich zu gruppieren, ohne daß diese sich dabei irgendwie zur Wehr setzen würden. Das liegt vor allem daran, daß sie ihr autoritäres Auftreten gekonnt zu ummänteln verstehen, indem sie sich durch und durch gönnerhaft geben.

Solche Alphatiere sind in Männerfreundschaften vielleicht verbreiteter als unter Frauen, aber es gibt den Drang zu dauerhafter Dominanz auch unter Freundinnen. Es sind dies geschlechtsunabhängig Zeitgenossen mit dem Lebensmotto »L'Etat c'est moi«, Menschen, die zur Ausübung ihrer starken Persönlichkeit nicht nur mit ihrem Lebenspartner liiert sind, sondern auch gleich mit der Freundesgruppe, die sie zur Selbstbestätigung stets um sich haben müssen. Die Rede ist von Naturen, die schon allein durch ihre körperliche Anwesenheit einen Raum so ausfüllen, daß für andere kaum noch Luft zum Atmen bleibt. Sie sitzen auf breitem Gesäß und kommen auf großen Sohlen daher, bevor sie einen in Beschlag nehmen, sie sprechen laut und ohne erkennbare Selbstzweifel. Ihr beherrschendes Charaktermerkmal: Deutungshoheit in allen Belangen. Für sie ist alles kein Problem, vor allem die Welt zu erklären, komplexe Zusammenhänge so zu verdeutlichen, daß sie jeder versteht. Sie tun dies gerne mittels technischer oder geographischer Skizzen, die sie im Restaurant auf die Papiertischdecke werfen, oder durch Beispiele, in denen sie zur Veranschaulichung und zur Versicherung der ihnen gewährten Aufmerksamkeit die Umsitzenden aus dem Stegreif mit einbauen. Es mangelt ihnen scheinbar an keiner Fähigkeit, ihre Freimütigkeit ist

grenzenlos. »Ich liebe Menschen, die frei heraus sagen,
was sie denken«, sagen sie unverblümt. »…sofern sie dasselbe denken wie ich«, ergänzen jene im Geist, die sie ein
wenig besser kennen. Schwer vorzustellen, daß so jemand
im Duett der Freundschaft auch einmal die zweite Geige
spielen würde.

An den Höfen dieser Herrschaften findet sich vor allem
zweierlei Personal ein: Solche, bescheiden im Geiste und
schlicht im Gemüt, die zu Höflingen geboren scheinen
und schon froh sind, daß sie in den Räumen des Fürsten
geduldet sind, ein warmes Plätzchen erhalten, ein Dach
überm Kopf und obendrein gelegentlich noch eine heiße
Suppe. Dieselben sind es, die sich auch gar nicht groß zur
Wehr setzen, wenn sie nur als Entourage behandelt werden, ja geradezu erleichtert sind, wenn ihr Oberhaupt die
wesentlichen Entscheidungen der weiteren Abendgestal-
tung für sie trifft. Und es gibt die anderen, die lange die
Illusion aufrechterhalten, man würde sich tatsächlich auf
gleicher Augenhöhe begegnen, obwohl viele Verhaltensweisen des »Freundes« eher vom Gegenteil künden, und
die gar nicht bemerken, daß die Balance längst gekippt ist.

Bezeichnend ist, daß vollkommen im verborgenen liegt,
worin die eigentliche Attraktivität dieser Hobby-Gurus
besteht. Fest steht, daß sie das Talent zum Freizeit-Charismatiker haben müssen. Trotz der unablässigen subtilen
Bevormundung, der ihre Gefolgsleute ausgesetzt sind,
schaffen sie es auf rätselhafte Weise, unter diesen ein Gefühl des Stolzes darauf zu säen, Teil einer Fangemeinschaft
zu sein, in der sie sich – wie all die anderen auch – als diejenigen wähnen, die noch vor allen anderen den unmit-
telbaren Zugang zum Fürsten haben und in der Rangfolge
der Günstlinge ganz oben stehen. Egal, ob es fünf oder 25
sind, es gelingt solchen Typen immer wieder, in vielen

von denen, die sie sich an Land ziehen, die Überzeugung zu pflanzen, sie seien ihre besten Freunde, wie auch sie selbst meinen, in ihrem Troß nur beste Freunde aufzubieten.

Wer da so hofhält, hat freilich kein Freundestalent, dafür eher eines, erfolgreich allerlei Personal um sich zu *scharen*. Wer solchen Zeitgenossen nur zweimal über den Weg gelaufen ist, sitzt zwei Tage später beim Grillen auf der Terrasse – vorausgesetzt, er oder sie ist ein halbwegs kreativ erscheinender Kopf. Diese vermeintliche Attraktivität eines Freundschaftskandidaten, sein Mehrwert für die eigene Strahlkraft, ist es, was den Ausschlag hinsichtlich der Frage gibt, ob der Neue das Eintrittsbillet zu den Freundeshallen erhält oder nicht. Gerade für männliche Freizeit-Charismatiker ist es darüber hinaus üblich, daß auf ihren zahlreich abgehaltenen Hauspartys – gerne wie die Pferdchen einer Reitschule – allerlei Ex-Partnerinnen des Hausherrn durchs Bild trappeln, die diesem einst zu Willen waren. Genüßlich läßt er sie an sich vorüberziehen, reibt sich zufrieden die Hände, weil er sich darin gefällt, mit ihnen nach Einstellung der erotischen Beziehung nun noch »freundschaftlich« verbunden zu sein. Denn so verschwinden sie nicht einfach von der Bildfläche, sondern können zu Imponierzwecken den übrigen Geladenen als lebende Trophäen vormaligen erotischen Erfolges vorgeführt werden. Und es gibt noch andere, die sich einfinden. Neukandidatinnen, die in sein sexuelles Beuteschema passen, genauso wie solche Unverdächtigen, die dem Freizeit-Charismatiker nur einmal noch einen Gefallen tun können, Berufskollegen, die man zum allgemeinen *networking* irgendwann einmal noch brauchen kann. Die, die eingeladen werden, sind oft ganz verblüfft ob so viel herzlichen Willkommens. Und wer bei den ermüdenden Monologen des Freizeit-Charismatikers durchhält, der darf auch wiederkommen.

Hausfreunde sind keine Freunde

Es wird bald deutlich, daß das Interesse, das solche Typen für den einzelnen aufbringen, nicht der Unverwechselbarkeit seiner Person gilt, sondern in erster Linie darin besteht, daß er oder sie schlicht den Gastgeber und Hausherrn *umgeben* soll. Deswegen wird einem solchen »Freund« irgendwann einmal klar, daß er oder sie selbst nicht so sehr der persönliche Freund oder die persönliche Freundin des Gastgebers ist, sondern vielmehr *ein Freund des Hauses*. Von Arthur Schopenhauer stammt der Satz: »Die Hausfreunde heißen meistens mit Recht so, indem sie mehr die Freunde des Hauses als des Herrn, also den Katzen ähnlicher als den Hunden sind.« Dieses Beziehungsverständnis erklärt, warum der Freizeit-Charismatiker zu bestimmten freundschaftsunüblichen Verhaltensweisen tendiert. So wird er fast nie »Nein!« sagen, geht es um den Vorschlag, sich einmal wieder zu sehen. Fast nie hört man ihn sagen: »Keine Zeit!« oder »Keine Lust!«, wenn sich der Freund anmeldet. Denn sein Haus steht freilich immer offen: den Menschen, wie den Katzen.

Gerade in ungleichen Beziehungen ist es typisch, daß der Dominante kein größeres Problem damit hat, bei Freundestreffen andere Hausfreunde zusätzlich einzubestellen, ohne den Freund zu fragen, ob er denn damit einverstanden wäre. So kann es gut vorkommen, daß der Freund nach telefonischer Verabredung, eines gegenseitigen Bekundens von »Wir freuen uns auf euch!« und 300 Autobahnkilometern dem Wagen erschöpft und in der begründeten Erwartung entsteigt, nun einen schönen Abend *exklusiv* zu erleben – aber schon beim Betreten des Hauses gewärtigen muß, daß im Hintergrund auch noch Silke und Jens von gegenüber zugange sind, dazu Vinzenz, der quirlige Elektroinstallateur, geladen ist und obendrein der findige Jörg, der auf einen Sprung vorbeikam, um etwas an der Festplatte des Freizeit-Charismatikers zu richten – und auch gleich zum Essen bleiben soll.

Der ganze Auftrieb vollzieht sich, ohne daß irgendwer die Notwendigkeit sehen würde, den angereisten Freund oder die Freundin vorzuwarnen oder zuvor darüber zu informieren, geschweige denn, ihn oder sie einzubeziehen und zu fragen, ob ihm oder ihr das denn alles recht sei. Aller Voraussicht nach bemerkt der, der hier eine Entscheidung über den anderen hinweg trifft, nicht einmal, daß er damit gegen goldene Regeln des allgemeinen zwischenmensch-lichen Verkehrs verstößt oder es ist ihm vollends einerlei. Der da um sich schart, geht offenbar von der alten India-nermaxime aus, wonach meine Freunde auch deine Freunde sind und meine Lieblingsrunde auch deine Lieblingsrunde ist. Und falls nicht, dann macht ihm das auch nichts aus.

Die Freundschaft mit dem Freizeit-Charismatiker ist nur eine, vielleicht die prominenteste Form von Beziehungen mit Menschen, die man *Grenzverletzer* nennt. Damit sind Menschen gemeint, die ihrer Neigung nachgeben, die territoriale Integrität des anderen immer wieder zu miß-achten. Jemanden zu übergehen zeugt nicht nur von schlechten Manieren, sondern ist ein klares Signal, die Beziehung nicht als wahre Freundschaft zu betrachten. Es zeigt, daß die Freundschaft im Grunde keine Ebenbür-tigkeit kennt, keinen echten Respekt vor dem anderen, sondern sich nur über ihn hinwegsetzt. Das Einmalige und unverwechselbar Besondere der Beziehung wird durch solche Praxis ins Beliebige gewendet. Statt Freundschaft herrscht doch nur ein Allerweltsverhältnis.

Freundschaften in solcher Schieflage sind aus zweierlei Gründen begrenzt: Die, die nicht zu Höflingen geboren sind, sondern eher zeitgemäßeren Menschentypen mit dem Lebensmotto »Wasn't born to follow« zuzählen, werden sich irgendwann aus diesen Kreisen zurückziehen, sich abwenden und sich Freundschaften suchen, in denen hin und wieder auch ihre Vorstellungen berücksichtigt werden. Innerhalb solcher Beziehungen zu protestieren ist dagegen meist sinnlos, denn schon die Anzeichen einer Rebellion werden nicht geduldet.

Typisch für solche Beziehungen ist aber auch, daß derjenige, der sein Sozialbedürfnis mittels solcher Selbstdarstellung stillt, über kurz oder lang seiner Rolle überdrüssig wird. Die Peinigungen seines chronisch unterentwickelten Selbstbewußtseins sind es, die ihn immer wieder antreiben und ihm die nötige Energie für immer neue Manöver geben, die eigene Grandiosität herauszustreichen, ihn aber bald auch erschöpfen. Der ewige, rastlose Versuch, sich selbst im Applaus der anderen für ein paar Momente schmerzfrei zu erleben, verhindert bald, daß ein solcher Mensch eine viel ruhigere, dafür in ihrer Tiefe viel erfüllendere Freundschaft einzugehen imstande ist. Es ist die eingestandene Schwäche, genau dazu nicht in der Lage zu sein, die zeigt, daß der Allzeit-Dominante am Ende nur ein armer Tropf ist – im Grunde seines Herzens ein unglücklicher Zeitgenosse und obendrein zur Freundschaft unbegabt. So wird er selbst bald der vielen Lakaien überdrüssig, die ihm geblieben sind, wenn er die wenigen vertrieben hat, die ihm noch das Wasser hätten reichen wollen. Er wird die Geister, die er rief, verachten und in der Tiefe seines Gemüts eine Einsamkeit spüren, wie sie größer kaum sein könnte.

FALSCHE FREUNDE II: ZYNIKER-TEAMS

Es gibt Konstellationen unter Menschen, die sich gegenseitig Freunde nennen – und sich doch eigentlich nicht viel zu sagen haben, obwohl sie oft und ausgiebigst kommunizieren. Die verbreitetsten Vertreter eines solchen Beziehungstyps sind sogenannte Zyniker-Teams. Ihre Beziehung wird eigentlich nur von einer gemeinsam betriebenen Beschäftigung zusammengehalten: einträchtig die Welt abzulehnen. Eine Beziehung, die eine Freundschaft sein will, aber in der die Betreffenden keine gemeinsamen weltbejahenden Werte verbindet, kann keine wahre Freundschaft sein.

Zyniker sind Menschen, die selbst verletzt wurden, bevor sie sich geschworen haben, die Welt dafür zu strafen. Ihr Zynismus ist eine zeitverzögerte Reaktionsweise auf eigene Schmerzen, die ihnen irgendwann vor langer Zeit zugefügt wurden. Sie finden Gefallen und Befriedigung daran, die Schlechtigkeit der Welt immer wieder und in immer neuen Worten anzuprangern, und wählen für diesen Zweck das Mittel des bitteren Spotts. Es ist dies eine durch und durch destruktive Haltung zur Welt, eine Ironie, die nirgends augenzwinkernd daherkommt, sondern nur verächtlich ist, die auslacht, was sie ablehnt, die zielstrebig die wunden Stellen derer findet, die sie von sich weist. Alles, was auch nur eine Spur Erhabenheit in sich trägt oder für einen anderen auch nur den geringsten ideellen Wert hat, wird umgehend auf seine Schadhaftigkeit überprüft, und man kann sicher sein, irgendwo wird immer auch ein Makel gefunden. Solche Typen sind Zeitgenossen, die einen untrüglichen Instinkt dafür haben, den anderen zu treffen, und es sogar schaffen, in dem, auf den sie sich stürzen, ein Schamgefühl zu wecken, etwa so, wie wenn derjenige, dem sie zusetzen, am Ende selbst glaubt, bei einer unehrenhaften Tätigkeit erwischt worden zu sein. Worüber solche Charaktere nicht verfügen, auch wenn sie diese für sich beanspruchen, ist eine Ironie, die erfrischend wirkt. Es ist dies eine Ironie, die von Menschen kommt, die sie leicht und positiv einsetzen, aber zugleich immer auch tiefernst und todtraurig sein können.

Solche »Freunde« fühlen ihre gemeinsame Weltablehnung wie ein starkes Band. Sie scheint sie zusammenzuschmieden, denn sie ist zumindest eine große, wenn auch einfache, so doch Einigkeit stiftende Einstellung zum Leben, die oftmals erstaunlich lange hält. Es ist nicht überraschend, daß sich solcherart vereinte Menschen darauf auch noch oft genug etwas einbilden und sich als wahrhaft kritische Zeitgenossen fühlen. Ihre Ironie wird somit gelegentlich sogar moralisch verbrämt, wo sie doch nur der eigenen Frustration entspringt und dieser ein Ventil gibt. Sie wird über alles gelegt, was auf die Tagesordnung kommt, über das Ökonomische, das Ästhetische, das Politische – und sehr häufig, weil hier der meiste Frust seinen Ursprung hat, über die sexuelle Sphäre.

Wessen Verbindung zu einem Freund nur noch darin besteht, gemeinsam Sabine Christiansen als zickig, Mallorcareisen als gruftig und Religiosität als uncool abzulehnen, wer Einigkeit nur in der Ablehnung einer dritten Person, eines bestimmten modischen Stils oder einer Weltanschauung schafft, der führt keine gute Freundschaft. Freundschaft kann natürlich auch einmal eine Lästerallianz sein, sie wird jedoch erst erfüllend, wenn darüber hinaus auch die Verständigung in Fragen des richtigen Lebens gelingt.

Zynismus erweist sich am Ende fast immer irgendwann als ungestillte Rache an der Unbill der Welt und ist Äußerung eigener tiefsitzender Enttäuschung, die irgendwann aufbricht. Zu ihrem eigenen Glück kommt im Leben von Zynikern fast immer irgendwann der Moment, an dem sie mit ihren eigenen Frustrationen konfrontiert werden und in eine fruchtbare Lebenskrise geraten. Jetzt zeigt sich, daß aller Spott und alle Häme im Grunde nur eine Melancholie verbergen, die nach dem wahren Leben lechzt. Jetzt zeigt sich, daß sich Zyniker im Grunde ihrer engen Herzen nichts sehnlicher wünschen, als aus dem Kreis des Negativen auszubrechen. Auch sie wollen, was im Grunde alle wollen: lieben und geliebt werden, eine glückliche Lebenspartnerschaft, eine gesicherte berufliche Existenz, und fast immer regt sich über kurz oder lang auch in ihnen der Kinderwunsch. Wenn es ihnen vergönnt ist, ihre Wünsche zu realisieren, wird sie dies nur allzu schnell in scharfen Kontrast zu ihrer alten ablehnenden Weltanschauung führen. Der alte Zynismus wird aufgegeben und durch eine positive Einstellung zum Leben ersetzt.

Wer von jener zynischen Grundgestimmtheit geheilt ist, kann sich ziemlich sicher sein, daß der alte Weggefährte ihn oder sie nun bald nicht mehr leiden mag: Denn jetzt ergießt sich der Spott dessen, der weiterhin in den Verliesen der Weltablehnung gefangen ist, auch über ihn. In seinen Augen wird nun der, der sich verändert hat, selbst zum Objekt der höchsten Häme, ist selbst nur noch der Verächtlichkeit wert, ein angepaßter Spießer, ein Verräter obendrein, der den alten kritischen Idealen abgeschworen hat.

FALSCHE FREUNDE III:
BERUFSJUGENDLICHE

Eine Beziehung, die eine Freundschaftsbeziehung sein will, aber nie erwachsen wird, kann keine wahre Freundschaft sein. Regressive Freundschaften kann man solche Freundschaften nennen, die im Kern nur in der unter den Beteiligten beiderseits vorhandenen Weigerung oder Unfähigkeit bestehen, sich zu Menschen mit ausgeprägter Beziehungsmündigkeit zu entwickeln. Was sie zusammenhält, sind bestimmte Rituale und Verkehrsformen, in denen sich derart Zugeneigte den eigenen Rückstand zum Erwachsensein abreagieren. Solche Beziehungen können über lange Zeit bestehen, denn die Infantilität oder frühe

Adoleszenz, die zelebriert wird, wird von den Betroffenen oft mit einer Art starken gegenseitigen Intimität verwechselt – und diese wieder mit der vorbildlichen Praxis einer echten Freundschaft.

Es sind dies vermeintliche Freundschaften, in denen auch noch jenseits des dreißigsten Geburtstags ausgiebig in Geheimsprachen und Slangs kommuniziert wird, wie dies ansonsten vor allem Pubertierende tun. Geführt werden sie von Typen, für die es noch immer keinen besseren Begriff als *Berufsjugendliche* gibt, eine Wortschöpfung, die nach Auskunft des Mannheimer Instituts für deutsche Sprache schon Ende der achtziger Jahren aufkam und deren Vertreter heute zu unübersehbaren Repräsentanten des Zeitgeists aufgerückt sind. Hierzu zählen alte Mädchen im Girlie-Look, die Hand in Hand und Popballaden singend durch Fußgängerzonen schlendern, ergraute DJs mit abgeschlossenem Studium, Bauchansatz und Motto-T-Shirt »Ich bin schizophren!« oder »Talent*frei*«, aber auch faltig gewordene, solariumgegerbte Schickimickis in modernen Raver-Klamotten aus Techno-Textilien am anderen Ende des stilistischen Spektrums. Sie sprechen sich auch gerne jenseits der statistischen Lebensmitte mit den Spitznamen an, die sie sich gegenseitig in der siebten Klasse gegeben haben, begrüßen sich mit »Hey, Biggy!« und »Hey, Boogie!«. Fast alles, was sie sagen, unterlegen sie mit mal leiserem, mal lauterem Gelächter, an dem sie sich gerne selbst berauschen, und teilen ihre Erlebnisse im Jargon einer RTL-Comedy-Serie mit. Sie hassen Weihnachten und lieben Halloween. Manche sind noch immer am einseitig getragenen Ohrring zu erkennen, den sie aus lauter Prinzipientreue in den letzten zwanzig Jahren nicht einmal abgelegt haben. Sie schlafen wie einst im ersten Semester auf sperrigen Industriepaletten und stapeln neben dem Kopfkissen gern alte Pizzakartons. Es ist das ewige

Provisorium in der Einrichtung der eigenen Lebenswelt, das kultiviert wird. Die Sprache ihres Lebens ist die Dauerironie. Im Vergleich zu den Zynikern befleißigen sie sich allerdings einer ganz und gar harmlosen Variante. Mit ewigem Witzeln überziehen sie alles, selbst noch die eigene Stellungnahme zur Welt: Im *bad taste* und Kitschkult ist man zu Hause. Man verbirgt sich dahinter und drückt sich so um die Mühen, eine eigene Meinung vertreten zu müssen, die auch einmal Konsequenzen haben könnte, oder auch nur darum, einmal Verantwortung zu übernehmen.

Nie erwachsen sein zu wollen heißt auch, selbst immer ein wenig Kind bleiben zu wollen: Zunächst als ewiger Nesthocker im »Hotel Mama«. Später dann, vollends ausgewachsen, hindert die Betreffenden auch der Eintritt ins vierzigste Lebensjahr und ein überdurchschnittlich hohes Monatsgehalt nicht daran, bei Muttern einen Zuschuß zum Sommerurlaub einzufordern. Gerne lassen sie sich bei der Familienfeier im Restaurant wie selbstverständlich von den eigenen Eltern, Tanten oder Onkeln aushalten und die eigene Rechnung zahlen. Man sieht sich scheinbar nicht dazu veranlaßt, darüber nachzudenken, ob sich das nicht auch einmal ändern könnte, zumal viele dieser Kinder oftmals viel mehr verdienen, als es ihre Eltern je taten. Schließlich sind sie ja die Kinder, waren es immer schon und werden es immer sein.

Freundschaften unter Berufsjugendlichen können halten bis an ihr Lebensende, vorausgesetzt Biggy bleibt Biggy, und Boogie bleibt Boogie. Sollte sich aber eine oder einer von beiden dazu entscheiden, auch nur einen Schritt nach vorne zu tun, stirbt die Beziehung über Nacht. Die Anklage des alten Freundes wird nicht ausbleiben, denn es wird einmal mehr um nicht weniger als um Hochverrat gehen: Verrat an der Kindheit, Verrat an der Jugend, Verrat an vermeintlichen Idealen, der wieder einmal in den

Vorwurf münden wird, die eigene Authentizität über Bord geworfen zu haben, nur um sich in die schnöde Welt der Angepaßten zu verkrümeln.

Was eine Freundschaft ist, was nicht und welche gar eine gute ist, darüber besteht also oft höchste Unklarheit. Es gibt Beziehungen mit eingebauten Konstruktionsfehlern, die dennoch jahrelang in dem Mißverständnis geführt werden, wonach der eine meint, der andere sei sein engster Freund, während er selbst für diesen nur eine Nebenrolle spielt. Im extremen Fall phantasiert einer jahrelang in einen anderen hinein, er sei sein engster Freund, während er für diesen nur hin und wieder eine willkommene Abwechslung bietet.

Nichts eignet sich so sehr für Illusionen wie menschliche Beziehungen. Manchmal verehren wir andere regelrecht, nicht weil deren Persönlichkeit so atemberaubend ist, sondern weil ein bestimmter Charakterzug, ja sogar etwas vollkommen Äußerliches in uns Gefühle auslöst, in denen wir gerne schwelgen. Vielleicht finden wir das Äußere dessen interessant, den wir gerne zum Freund hätten, oder wir lassen uns von seiner Gewandtheit, seinem Redetalent, seiner Kompetenz beeindrucken. Auch wenn dieser sich objektiv nicht sonderlich um uns schert, ja uns links liegenläßt, egal, das erledigen wir durch Projektion und verwechseln gerne einmal Wunsch und Wirklichkeit.

Freunde der Jugend

Wenn Menschen darüber nachdenken, wer ihre wahren Freunde sind, dann erwähnen sie zumeist solche, die sie schon seit den frühen Tagen ihrer Jugend kennen. Im Erwachsenenalter, das beklagen viele, kommen oftmals nur noch »gute Bekannte« hinzu, selten echte Freunde. Mit dem einen von ihnen kann man gute Radtouren machen, mit dem anderen geht man zum Pilzesammeln in den Wald und mit dem Dritten am Samstagnachmittag ins Fußballstadion. Von Freundschaften hingegen, die wir in Kinder- und Jugendtagen geschlossen und bis heute bewahrt haben, meinen wir oft, sie seien nicht nur enger, sondern auch umfassender: Wir kennen unsere Pappenheimer. Außerdem haben wir Freundschaften nie mehr so leicht geschlossen wie damals in jungen Jahren, wo es gar nicht viel Wille und Nachdenken brauchte, sondern unsere Naivität und Unvoreingenommenheit uns wie von selbst zu Freunden machten. Und soviel Zeit für einander wie damals hatten wir später auch nie wieder.

Freunde der Jugend werden immer ganz besondere Menschen in unserem Leben sein – aber sind sie auch die besten Kandidaten für die neue Freundschaft? Das ist besonders schwierig zu beurteilen, denn gerade eine lange Gewohnheit zwischen alten Freunden trübt oft den klaren Blick auf das zugrunde liegende Freundschaftsgefühl – bei all ihren Vorzügen. Gerade bei alten Freunden gelingt uns kaum einmal eine halbwegs objektive Beurteilung dessen, was aus der Freundschaft im Laufe der Zeit eigentlich geworden ist. Das ist vor allem bei den Freunden der Heimat, also den Freunden aus Kinder- und Jugendtagen, der Fall, von denen wir gerne annehmen, diese Beziehungen seien nicht nur von ewigem Bestand, sondern im Unterschied zu all denjenigen, die wir in späteren Jahren eingegangen sind, auch die wesentlich tiefer gehenden – und uns so oft der Einsicht verweigern, daß dies bei aller Verklärung nicht notwendig so sein muß.

Oftmals sind diese Beziehungen trotz ihrer langen Dauer nicht so intensiv, wie wir meinen. In ihnen sorgt häufig gar nicht so sehr das große Freundschaftsgefühl für das Band der gegenseitigen Zuneigung, sondern vielmehr der Sachverhalt, so etwas wie ein eingespieltes Team zu sein, für einen reibungslosen Ablauf der Begegnungen. Aber genau in diesem »Eingespieltsein« liegt nicht nur eine Qualität, sondern das Problem, vor lauter Routine den klaren Blick zu verlieren: Wer den anderen nur noch wie den Tresen als Dauerinventar seiner Freizeitwelt empfindet, hat bald vergessen, was genau eigentlich er oder sie für ihn bedeutet. Die Macht der Gewohnheit kann so nicht nur ein großes Plus, sondern gleichzeitig auch der größte Feind aller Freundschaft sein, naturgemäß der größte Feind vor allem alter Freundschaften.

Je länger eine Freundschaft in die Tage der frühen Kindheit oder Jugend zurückreicht, desto größer sind in ihr die Anteile rein zufällig geteilter Erinnerungen. Jeder ist für den anderen Teil dessen, was Goethe den »Originaleindruck« genannt hat, also jenes erste, immer mit tiefen heimatlichen Gefühlen besetzte Wahrnehmen der ersten Wirklichkeit in der Kindheit. Das freundschaftliche Band, das diese stiftet und das immer bestehen bleibt, ist zwar immerzu stark emotional aufgeladen. Aber deswegen ist es nicht automatisch auch eines der Freundschaft, sondern zunächst nur eines einer geteilten Lebenserfahrung.

Das Band solcher Jugendfreundschaften wird zusätzlich gestärkt durch eine große gegenseitige Kenntnis der Persönlichkeit des anderen. Aber auch sie muß nicht unbedingt dem brennenden gegenseitigen Interesse entspringen, sondern häufig ebenfalls nur dem zufälligen Umstand gemeinsamen Heranwachsens. Die Persönlichkeit des anderen zu erreichen ist zwar etwas, das zu den wichtigsten Elementen einer reifen Freundschaft zählt, aber im Unterschied zu dieser resultiert im Fall der Kinder- oder Jugendfreundschaft die intime Kenntnis des anderen nicht zwangsläufig aus dem eigenen Willen oder tiefen Interesse am anderen. Man kennt sich so gut, weil man das Kind im anderen, an dessen Seite man aufwuchs, ausgiebig gesehen und erfahren hat, weil man ihn oder sie so unverstellt und authentisch, wie Kinder und auch noch Jugendliche eben sind, gerade in den Jahren, die vor der Zeit der späteren Entwicklung zum Erwachsenen liegen, erlebt hat. Vielfach hat nicht mehr als die rein zufällige Parallelität gemeinsamen Zeiterlebens eine Art unkündbare gegenseitige Grundsympathie erzeugt, auch wenn sie nur darin besteht, daß zwei einst in Schülertagen vom gleichen Pauker gepiesackt wurden oder auf dem Schulhof den gleichen Schwarm anhimmelten.

Die Persönlichkeitskenntnis des anderen und der Vorrat an geteilten Erinnerungen sind für viele so fruchtbar, daß sie sich im Austausch darüber als Freunde erleben. Sie übersehen dabei jedoch immer wieder, daß zu einer »erwachsenen« Freundschaft noch mehr als eine geteilte, intensiv erlebte Vergangenheit gehört, nämlich auch eine *Teilnahme an der Gegenwart des anderen*. Die große Gefahr unter sogenannten »alten Freunden« besteht darin, daß diese Seite häufig vollkommen ausgeblendet wird. Wer sich noch hin und wieder den Treffen mit den alten Freunden aussetzt, wird in der überwiegenden Zahl der Fälle erleben, daß jenes Bild, das die anderen »alten Freunde« von einem selbst bewahrt haben, so beständig und zäh in ihrer Vorstellungswelt verankert ist, daß es gar keinen Platz mehr für eine gegenwärtige Sichtweise gibt. Die Veranstaltungen des Wiedersehens laufen daher nur zu gerne wie *Rituale* ab, und man tut so, als hätte man sich gestern zuletzt gesehen, obwohl tatsächlich zwei Jahre vergangen sind.

Die alten Freunde aus Kindheit und Jugend sind nicht in jedem Fall auch die wahren Freunde. Sicher werden sie für uns immer besondere Zeitgenossen sein, in ihnen wird immer viel Vertrautheit sein, aber nicht unbedingt viel Innigkeit. Die alten Freunde sind so, wie sie sind, und wir betrachten sie, als seien sie ein Teil von uns. Das erklärt die starke Bindung. Vielleicht läßt sich daher sagen, daß wir in den alten Freunden gar nicht in erster Linie Freundschaft erleben, sondern vielmehr *Heimat*, die wir uns gegenseitig spenden. Alte Freunde wirken auf uns wie alles andere auch, was wir noch an Heimat besitzen. Sie üben beruhigenden Einfluß auf uns aus und geben uns Sicherheit wie andere alte Gewohnheiten auch, zu denen wir beizeiten Zuflucht nehmen. Man sollte solche Vorzüge schätzen, sich aber zumeist vor zu hohen Erwartungen hüten. Mit den Freunden der Heimat geht man einen trinken, ratscht einen Abend lang über dies und das – aber nur in wenigen Ausnahmefällen über mehr.

Es muß kein Schaden sein, und doch ist es so: In Jugendfreundschaften steckt oft nicht viel mehr Kraft, als die geteilte Erinnerung hergibt. Normalerweise ist ihr Schicksal ein langsames Auseinandergleiten ehemals gleichspurig verlaufender Lebenswege, vor allem wenn einer vom alten Ort weggezogen ist, die alten Freunde zurücklassen muß und nur noch zum Klassentreffen und anderen ausgewählten Terminen in den Ort seiner Herkunft zurückkehrt. In seltenen Fällen kann es aber gelingen, daß alte Freunde auch zu wahren Freunden werden. Entscheidend ist, ob sie sich willens und fähig erweisen, die gegenwärtige Persönlichkeit dessen wahrzunehmen, den sie von früher doch so gut zu kennen meinen. Das aber ist schwierig. Die Erblast der alten Bilder ist immens, die Art des Verkehrs miteinander eingefahren. Es ist ja auch viel angenehmer, gemeinsam in den guten alten, abgeschlossenen Zeiten zu stöbern – damals, als man sich noch so gut verstand –, als neue Wege zu beschreiten. Außerdem könnte es ja sein, daß sich jenes Sich-Einlassen auf die gegenwärtige Persönlichkeit des Freundes als aufwendig erweist und so ungünstig verläuft, daß wir den Freund oder die Freundin am Ende nicht mehr ganz so sehr mögen wie damals, als sie oder er noch so wie wir war und mit uns Pferde gestohlen hat.

Die im Erwachsenenalter geschlossenen wie die alten Freundschaften aus Jugendtagen haben ebenso ihre Vorzüge wie ihre Tücken. In Freundschaften, die wir später schließen, in Freundschaften also, die viel mehr auf Freiwilligkeit und Gleichheit gegründet sind als jene, in die wir von Jugend auf hineingewachsen sind, wird sich nur sehr selten auch die Stärke des verbindenden Grundgefühls einstellen, wie es der gleichen Heimatwurzel entströmt. Dafür liegt in solchen Beziehungen eine viel größere Chance, die Beziehung zu steuern, manche Seiten der eigenen Persönlichkeit mehr in den Vordergrund zu rücken, andere mehr zurückzuhalten und sich im ganzen – ohne sich dabei zu verstellen – liebenswerter zu präsentieren, als uns das unser unfertiger Charakter in den Jugendjahren noch gestattet hätte: Man kann sich in erwachsenen Beziehungen ein Stück weit selbst neu erfinden. Freundschaften aus Kinder- und Jugendtagen haben andere Vorteile. Ihr höherer Grad an Vertrautheit, vielleicht auch ihre Unkompliziertheit im gegenseitigen Umgang. Aber es mangelt ihnen oft an einer tiefgehenden persönlichen Anteilnahme, die den einzelnen Personen wirklich gerecht wird.

Trotzdem hat eine Freundschaft aus Jugendtagen vielleicht ein paar Vorteile mehr als alle neuen. All das, was ihr vielleicht zum Nachteil gereicht, die Gewohnheit, die Eingefahrenheit der Beziehung, kann in einen Gewinn an mehr Verbindlichkeit überführt werden, wenn es Freunden gelingt, sich immer wieder neu wahrzunehmen. Wenn es gelingt, sich von alten Urteilen nicht festlegen zu lassen und auf den anderen einen neuen, unbefangenen Blick zu werfen, können die tiefe Kenntnis des anderen sowie eine lange gemeinsame Geschichte ein starkes Fundament für eine lange Freundschaft sein. Wenn sich zwei alte Freunde wirklich auf das Abenteuer einlassen, das Hier und Jetzt ihrer Verbindung zu erforschen und in den Vordergrund zu rücken, zudem sich darin erfolgreich erweisen, jener ersten Wahrnehmung der Persönlichkeit des anderen aus den Jugendtagen eine gleichsam immer wieder aktualisierte angedeihen zu lassen, dann könnte sich das alte verbindende Heimatgefühl des gleichen »Originaleindrucks« sogar als zusätzliche Kraft erweisen, von der die Freundschaft zehren kann. So kann es sich am Ende doch lohnen, um diese Bündnisse zu kämpfen und sie auf eine bewußtere und dadurch befriedigendere Ebene zu stellen. Plötzlich kann es sogar ein Gewinn sein, wenn das Leben solche alten Freunde für eine gewisse Dauer getrennt hat, sie bestimmte, prägende Lebenserfahrungen an unterschiedlichen Orten gemacht haben – und sich nun ganz neu kennenlernen. »Also vernachlässige man seine Jugendfreunde nicht!«, lautet daher auch der Rat des Freiherrn von Knigge, »Und wenn auch Schicksale, Reisen und andre Umstände uns in der Welt so umhergetrieben und von unsern Gespielen getrennt haben, so suche man doch jene alten Bande wieder anzuknüpfen, und man wird selten übel dabei fahren!«

Freundschafts-Update

Ob neu, ob alt – die Frage zu beantworten, wer nun ein wahrer Freund ist oder nur ein Teilzeitkandidat, bleibt kaum zu beantworten. Trotzdem ist es möglich, die Qualität unserer Freundschaftsbeziehungen zu beurteilen, indem man sie von Zeit zu Zeit auf ihre *Intensität* überprüft. Wie stark oder schwach eine Freundschaft ist, läßt sich daran erkennen, wieviel Selbstzweck in ihr ist. Natürlich gibt es keine Freundschaft, die nur von heldenhafter Selbstlosigkeit überstrahlt wird und in der man sich nicht auch einmal gegenseitig nur nützlich ist. Nützlichkeit und Selbstzweck vermischen sich. Das ist in einer guten Freundschaft völlig normal. Freundschaft ist auch nicht nur heiliges Geben, sondern auch die Freude, mit vollen Händen zu nehmen. Darin liegt also nicht das Problem. Problematisch wird es erst, wenn man zu dem Schluß kommt, daß Nützlichkeitserwägungen viel breiteren Raum einnehmen als der Selbstzweck, etwa wenn es nur noch die gegenseitige Umzugshilfe oder Kinderbetreuung, aber seit Jahren keine gemeinsam durchdiskutierten Nächte mehr gibt. Oder auch wenn man erkennen muß, daß man nicht mehr auf seine Kosten kommt und die eigenen Erwartungen, die man in den Freund oder die Freundin setzt, immer häufiger unerfüllt bleiben.

Die Frage nach der Intensität ist eine Frage der Tiefe des Freundschaftsgefühls, die sich auch in der *Ausgeglichenheit* der Beziehung ausdrückt: Ist das gegenseitige Interesse noch ausgewogen? Interessiert sich der andere für mich und mein Leben in gleichem Umfang, wie ich mich für ihn und umgekehrt? Die Antwort gibt oft die simple Beobachtung etwa über einen gemeinsamen Abend hinweg, wer wem noch Fragen stellt, die tatsächlich persönliches Interesse erkennen lassen und über die bloße Neugierde der letzten *news* hinausgehen. Wer keine Ausgewogenheit mehr sieht, wer nur noch dazu da ist, seinem Gegenüber eine Möglichkeit zur Selbstdarstellung zu bieten (oder umgekehrt sich selbst nur darstellt), wer andauernd nachfragt, selbst jedoch nie gefragt wird, aber auch wer plötzlich merkt, daß ihn der andere, obwohl er ohne Punkt und Komma redet, seit Stunden unsterblich langweilt, der darf berechtigte Zweifel an dieser Freundschaft hegen.

Die Qualität eines Guts wird wie häufig im Leben so auch in einer Freundschaft vor allem durch Akte der *Distanzierung* sichtbar. So wie Philosophen den Staatsmännern dieser Welt in allen Epochen der Weltgeschichte geraten haben, vom Gipfel eines Berges herab auf das zu ihren Füßen liegende Gemeinwesen zu blicken, um klarzusehen – so ist es mit den Freunden. Um seine kleine Welt zu ordnen, empfiehlt es sich auch für den Freund, einmal Abstand zwischen sich und die anderen zu bringen, denn aus der Entfernung hat man auch in Dingen der Freundschaft oft den besseren Überblick.

Wer etwa einmal die alten Freunde hinter sich gelassen hat und von einem altvertrauten Ort weggezogen ist, erkennt oft erst in der Fremde, was überhaupt einmal war. Jetzt, da alles aufwandsintensiver wird und gemeinsame Zeit zu verbringen mehr Anstrengung erfordert, zeigt sich die wahre Stärke oder Schwäche alter Bande. Manche erkennen ihre Freunde erst jetzt und führen ihre Beziehungen künftig bewußter, manche machen jedoch auch die bittere Erfahrung, daß Besetzungen vielfach vollkommen austauschbar sind: Geht der eine, rückt ein anderer nach und nimmt die Position ein. Und wenn man selber geht, geht die Kumpanei auch ohne einen weiter.

Allerdings befördert Abstand zu nehmen nicht in jedem Fall die reine Wahrheit ans Tageslicht, sondern kann auch den gegenteiligen Effekt bewirken. Der böse Satz von Alfred Hitchcock: »Gute Freunde sind Menschen, die sehr weit weg wohnen«, spielt darauf an, wie wir nur allzugern dazu tendieren, was weit weg liegt, zu beschönigen, ja zu idealisieren. Bekanntlich ist das Gedächtnis der beste Glücksbringer, und so sitzen viele, die auf räumliche oder zeitliche Distanz gegangen sind, gerade wenn sie von den guten, alten Zeiten schwärmen, nur einer Nostalgie auf, die keinen allzugroßen realen Kern besitzt, sondern weitgehend Phantasiekonstrukt ist.

Aufschluß über den Zustand einer Freundschaft gibt stets auch die Bewertung des Freundes im Spiegel des *Personals*, mit dem er sich im Laufe der gemeinsamen Freundschaftsjahre neu umgibt. Salopp ausgedrückt: Wer dein Freund ist, erkennst du an der Frau, die er sich aussucht. Wer deine Freundin ist, erkennst du an ihrem Kerl. Und an den Personen, die beide um sich scharen. Wenn etwa die neue Lebensgefährtin des Freundes eine selbstbewußte, kluge und leidenschaftliche Person ist, darf man sich darin bestätigt fühlen, daß man sich in diesem Freund nicht geirrt hat. Genauso dürfte es sich verhalten, wenn sie ihrer besten Freundin den Neuen an ihrer Seite vorstellt, ein einfühlsamer, witziger, charmanter Typ. Auch bei solchen Charaktereigenschaften ist die Hoffnung berechtigt, daß die Betreffende eine wahrhaft souveräne Person zur Freundin hat.

Im umgekehrten Fall können sich dagegen für eher emanzipierte Typen solche Kandidaten schwerlich als gute Freunde erweisen, die plötzlich Heiratsbeziehungen mit »Schätzchen«, »Spatzerln« oder »Engelchen« im Fahrschulalter eingehen und zu diesen jungen Frauen eine Art vormundschaftliches Beziehungsverhältnis unterhalten. Oder all jene, deren partnerschaftlicher Beziehungstyp inmitten avantgardistischen Wohndesigns und jeder Menge abstrakter Kunst an den Wänden in puncto Gleichberechtigung eher der Vormoderne zuzurechnen sind. Genauso verhält es sich im anderen Fall etwa bei Frauen, die sich nach überstandenem Macho-Trauma einen gänzlich zahnlosen, weichgeklopften Mülleimer-Runterbringer halten, der zu allem nickt und auch noch um Erlaubnis bittet, wenn er einmal kurz eine Zigarette auf dem Balkon rauchen will.

Auch dies läßt Rückschlüsse auf die Persönlichkeit derjenigen zu, die in diesem Beispiel eine gute Freundin sein will, es aber unter diesen Umständen vermutlich nicht mehr lange sein wird.

Die Voraussetzung, überhaupt eine erfüllende Freundschaft führen zu können, ist eng verbunden mit der Fähigkeit zu einem *realistischen Blick* auf die eigenen Beziehungen. Realistisch werden heißt nicht unbedingt, Abstriche zu machen, vorliebnehmen zu müssen mit minderer Qualität. Realistisch werden kann genausogut bedeuten, zu dem Schluß zu kommen, daß der, mit dem man befreundet ist, ein ganz feiner Mensch ist, viel feiner noch, als man es immer schon wußte. Es kann sogar bedeuten, ein Potenzial in einer Freundschaft zu entdecken, das man gar nicht für möglich gehalten hat oder einen wahren Freund auszumachen, wo man vorher noch meinte es lediglich mit einem guten Bekannten zu tun zu haben.

Realistisch werden heißt in jedem Fall, in Erfahrung zu bringen, welche Ballwechsel zwischen zwei Spielern möglich sind. Vielleicht entdecken wir, wenn wir uns ernsthaft auf die Suche nach der Wirklichkeit unserer Freundesbeziehungen machen, daß wir wider Erwarten zu Traumkombinationen in der Lage sind. Oder aber wir erkennen, daß es besser ist, diese künftig bleibenzulassen und zu solidem Grundlinienspiel zurückzukehren. Es geht nur darum, sich irgendwann auf gleichem Niveau eingespielt zu haben.

Egal, ob wir nach reiflicher Überlegung doch ganz viele oder nur ein paar Freunde zu haben glauben oder vielleicht nur noch einen einzigen tatsächlich einen Freund nennen wollen, egal auch, ob wir zu dem Schluß kommen, daß die Freundschaftsverhältnisse, die wir haben, ganz phantastisch oder doch bloß irgendwelche Larifari-

Beziehungen sind, nicht Fisch, nicht Fleisch, manchmal in Ordnung, manchmal nicht – es gibt grundsätzlich vier Möglichkeiten, wie man weiter verfährt, wenn man einmal wieder die eigene Sichtweise auf den Freund der Realität angepaßt hat.

Entweder kommt man zu dem Schluß, daß man wahre Freunde hat – und darf sich dazu gratulieren. Oder man stellt fest, daß das, was man bislang Freundschaft nannte, bestenfalls ein »guter Kontakt« ist – eine Desillusionierung. Man sollte sich dann fragen, ob man eine solche Beziehung auf Sparflamme weiterführen möchte, jetzt ihre Grenzen erkennend und auch, daß sie leider eigentlich nie mehr war als eine feierabendliche Tresenallianz oder eine reine soziale Ventilformation zum Zweck des seelischen Wärmeaustausches. Man kann seine falschen Hoffnungen begraben und sich künftige Enttäuschungen ersparen. Wenn man dann noch will, kann man die hohen Ansprüche an die alten Freunde herunterschrauben, gewinnt dadurch vielleicht eine, wenn nicht ganz so tiefgründige, so doch unkomplizierte und solide Feierabendbeziehung – und das ist ja auch nicht das schlechteste. Die wahren Freunde sucht man sich freilich woanders. Die dritte Möglichkeit ist der erneute Anlauf, das alte Ideal zu erreichen, mit welchen Mitteln und welchem Erfolg am Ende auch immer. Vielleicht stellt man aber auch fest, daß die Fortführung dieser Freundschaftsgeschichte so oder so keinen rechten Wert mehr hat, weil sie mit zuviel Unlust und zuwenig Freude verbunden ist. Das ist die vierte Möglichkeit. Dann kann die Konsequenz nur lauten: »Lebe wohl!«

Zeichen und Wunder – Freundschaftsbeweise

> *»Ein treuer Freund ist eine starke Stütze.*
> *Wer einen solchen gefunden, hat*
> *ein Vermögen gefunden.«*
>
> JESUS SIRACH 6,14

Auch wenn es guten Freundinnen etwas leichter fällt als guten Freunden: Auszusprechen, was man einander bedeutet, das kommt in Freundschaften nur selten vor. Noch die stärkste Freundschaft umgibt eine eigenartige Mauer des Schweigens über das, was zwei verbindet. Die Unsicherheit über die Qualität unserer Freundschaften hat vor allem damit zu tun, daß wir selten die Worte finden, mit denen wir die Gefühle zueinander ausdrücken. So etwas, wie jenes »Ich liebe dich!«, das sich ein Liebespaar zuflüstert, ist bei Freundschaften nicht gerade üblich, auch nicht in abgemilderter Form. Statt dessen regiert eine emotionale Undurchdringlichkeit, eine Scheu vor dem Zeigen von zuviel oder zuwenig Gefühl, vor der emotionalen Vergewaltigung des anderen durch zu viel, aber auch vor der Kränkung des anderen durch das Zeigen von zuwenig Verbundenheitsgefühlen.

STUMME FREUNDE

Früher war das noch einfacher: Einen besten Freund oder eine beste Freundin hatten wir noch im Kindergarten, in der Grundschule und vielleicht noch in der Jugend. In dieser Zeit gab es oft auch noch einen zweit- und einen drittbesten Freund. Es waren dies Lebensphasen, in der man das sogar manchmal auch offen aussprach: »Du bist mein bester Freund!« oder »Du bist meine beste Freundin!« Man hielt damit auch nicht hinter dem Berg, wenn dem nicht mehr so war: »Jetzt bist du nicht mehr mein bester Freund!« Der »beste Freund« und die »beste Freundin«: das ist das Resultat eines Versuches abzuwägen, wer um uns herum den ersten Platz in der Sympathieskala einnimmt.

Später im Leben legt sich die Neigung, so etwas wie eine Ranking-Liste der Top ten der uns Nahestehenden zu führen. Aus dem besten Freund oder der besten Freundin werden vielmehr *die Freunde*. Wir verzichten auf den Vergleich, wer nun der oder die beste ist. Zumindest hüten wir uns aus gutem Grund, das offen auszusprechen, vielleicht um sich und den anderen vor den möglichen Konsequenzen einer solchen Aussage zu schützen, vielleicht um die absolute Freiwilligkeit der Beziehung nicht durch Verpflichtungen zu gefährden, die ein solches Bekenntnis enthalten könnte. Die Freunde sind uns alle bald mehr oder weniger nahe, der eine ist der witzigste, der andere der aktivste, der dritte der warmherzigste – und der vierte der verrückteste.

Aber ganz stimmt das auch nicht. Denn unter Erwachsenen ist es doch eigentlich so: Frauen haben wenigstens noch ab und zu eine beste Freundin und bekennen sich öffentlich zu ihr. Männer haben dagegen keinen besten Freund, und wenn, dann würden sie das nie zugeben – schon gar nicht diesem selbst gegenüber. Frauen sprechen noch hin und wieder über die Qualität ihrer Freundschaft mit ihrer Freundin – aber mit der ganzen Wahrheit wird selten herausgerückt. Und viele Männer fangen so etwas erst gar nicht an. Wenn sie ein solches Mitteilungsbedürfnis überhaupt ereilt, vertrauen sich Männer zu solchen Zwecken ebenfalls lieber einer Frau an, der Partnerin oder aber auch einer guten Freundin.

Wo so wenig Klartext gesprochen wird wie bei Gefühlen unter Freunden, und wo so vieles im Bereich der Deutung bleibt, werden andere non-verbale Sprachebenen um so bedeutsamer, mittels derer wir uns unserer Freundschaft versichern. Zeichen, die wir uns gegenseitig geben, werden um so wichtiger, um unsere Freundschaft auszudrücken und sie uns gegenseitig zu bestätigen. Solche Freundschaftszeichen können Gesten in bestimmten Situationen sein, Gefälligkeiten, die die Dimension des nur Höflichen übersteigen – bis hin zum regelrechten Freundschaftsbeweis in extremen Lebenssituationen, ein Dienst in ernster Lage, der uns aus dieser heraushilft oder sie zumindest wesentlich erleichtert. Ein Freundschaftszeichen kann auch ein ganz handfestes Geschenk sein, das die Gefühle, die uns verbinden, versinnbildlichen soll. Deswegen gilt gerade unter Freunden, Anlässe des Schenkens unbedingt ernst zu nehmen. Es sind die wenigen Momente, in denen Freundschaft sichtbar wird.

Wagnis des Schenkens

In jedem Geben von Freundschaftszeichen liegt ein gewisses Wagnis. Es besteht darin, daß der andere dieses Zeichen vielleicht so nicht haben möchte – und es nicht gebührend erwidert. Nichts ist verdrießlicher, als die Ablehnung einer Herzensbekundung erfahren zu müssen. Aber nichts ist auch unangenehmer als jenes Zuviel einer nicht erwünschten Herzlichkeit, die über einen ausgegossen wird, etwa Küßchen und Umarmung zur Begrüßung von jemanden, der uns lange nicht so nahe ist, wie er denkt.

Trotzdem liegt die Kunst des gelungenen Freundschaftszeichens nicht allein darin, nur ein realistisches Gefühl auszudrücken. Sie kann sogar darin zum Ausdruck

kommen, ein bislang nicht erfahrenes, die Wirklichkeit
übersteigendes Wunschgefühl auszudrücken, das stärker ist
als jenes, das sich aus dem bisherigen Verhalten der beiden
Freundschaftskandidaten ablesen ließe. Ein Freundschaftszeichen ist immer ein gewisses Risiko, da es die Beziehung für einen kurzen Moment aus der Unverbindlichkeit heraushebt und versucht, die Emotionalität in ihr
konkret werden zu lassen. Dabei droht immer die Gefahr,
in der Einschätzung der Gefühle danebenzuliegen.

Es bedarf einer Portion Mut, eher zuviel Gefühl zu
wagen als zuwenig, ein Wagnis also, das darin besteht,
die Peinlichkeit, das Betretensein nach einer eventuellen
Zurückweisung durch den anderen zu ertragen, aber auch
umgekehrt – wenn auch seltener – zu viel auszulösen,
mehr als man auslösen wollte. Es ist deswegen umso verbreiteter, daß die meisten aus einer Art Peinlichkeitsprophy-
laxe heraus lieber zuwenig als zuviel Gefühl durch ihre
Zeichen auszudrücken pflegen.

Dieselbe Unsicherheit über das, was angebracht ist, die
der ewigen Ungewißheit über die wirkliche Gefühlstiefe
zwischen Freunden entspringt, spiegelt sich auch in den
Gesten des Begrüßens und Verabschiedens des Freundes
wider. Hier gibt es aus vielerlei Rücksichtnahmen auf reale
und eingebildete Kränkungen beziehungsweise emotionale
Vergewaltigungen Gesten, die nicht dem entsprechen, was
wahrhaft zwischen zweien schwingt. Entweder verhalten
wir uns aus Selbstschutz zu ruppig oder burschikos oder
zu unverbindlich, oder – ebenfalls um die Wahrheit zu
tarnen – zu aufgesetzt sentimental und bedeutungsvoll.
Im Zweifel darf aber gelten: lieber ein bißchen zuviel als
zuwenig Gefühl. Ein stummer Händedruck unter Freunden als maximaler Ausdruck eines herzlichen Glückwun-
sches ist, wenn nicht hilflos oder gar beschämend, so doch
auf jeden Fall dürftig. Anders ausgedrückt: Die Kränkung

durch Unterschlagung von Gefühl ist meist größer als der Verdruß bei allzuhoher Aufdringlichkeit.

Gefühl zurückzuhalten ist keine Kunst. Das ist mit das erste, was man schon in frühen Kindertagen lernt. Oftmals verbirgt sich gerade hinter der üblichen Unterkühltheit keinesfalls nur die tugendhafte Verschonung des anderen, sondern nur eine bedauernswerte Verklemmtheit, die darin besteht, keinen Weg zu finden, die Scham vor der Gefühlsäußerung zu überwinden und zu zeigen, was man wirklich empfindet. Dabei ist gelegentlich einmal Gefühl zu zeigen immer der bessere Weg, denn statt des ewig schützenden Sich-Verstellens bedeutet es Mut zur Offenherzigkeit. Dennoch, ein Freundschaftsgefühl zu äußern, bleibt immer eine ungemein schwierige Angelegenheit. Vielleicht kommt ja vor lauter Aufregung ein Ausdruck zustande, dessen Wirkung wir nicht zuverlässig festlegen können. Allerdings vergessen die meisten oft, daß die Performance gar nicht wichtig ist, und daß, wenn man denn bereit ist, ein paar Gefühle zu riskieren, sie ohnehin ihren Weg zum anderen finden, ganz egal, wie man den Auftritt inszeniert, egal auch, wenn er vor lauter Aufregung etwas verunglückt. Es gibt hundert Orte im Leben, wo es besser ist, sich mit Gefühlsäußerungen zurückzuhalten. Die Freundschaft ist kein solcher Ort.

Freundschaftsdienste und -beweise sind Gesten, die Freunde beizeiten wählen, um den anderen ihre Zuneigung zu zeigen. Aber ganz unabhängig von Lebenssituationen und Notlagen bietet erst das Geschenk unter Freunden die Möglichkeit, die Tiefe eines Freundschaftsgefühls in einer bleibenden Form auszudrücken, und so ist es zumindest unter guten Freunden üblich, nie mit leeren Händen zu kommen.

Seiner Wortherkunft nach bedeutet »schenken« ursprünglich tatsächlich nur »einschenken«, im Sinne von

jemandem etwas zum Trinken in einen Becher oder ein
Glas zu füllen. Kulturhistorisch gesehen hatte dieses Einschenken aber nicht so sehr den Sinn, jemandes Durst zu
löschen, sondern – über Zivilisationen hinweg – eine
konkrete soziale Funktion. Es sollte dem Gast, dem einge-
schenkt wurde, signalisieren, daß man ihm freundlich
gegenübertreten wollte. »Es gab nämlich in fast allen Kulturen den beliebten Brauch«, schreibt Fabian Vogt in seinem Essay über die »Kunst des Schenkens«, »einem weg-
müden, staubigen und durstigen Gast, wenn er durch die
Tür trat, als erstes einen frischen Trunk zur Labung einzu-
gießen. Nicht um ihn in überflüssiger Form zu hofieren,
sondern in der Funktion eines bedeutungsvollen Rituals,
das eine freundschaftliche Beziehung zwischen dem Hausherrn und seinem Besucher herstellte. Im Einschenken
wurde der Gast geehrt, als offensichtlich friedvoller Zeitgenosse in die Hausgemeinschaft aufgenommen und vor
allen Anwesenden willkommen geheißen.« Durch Einschenken vollzog man eine Beziehungsgründung: vom
anonymen Fremden zum Freund. Schenken in seiner ursprünglichen Form war das Verwandeln eines Fremden in
einen Freund durch den Akt des gemeinsamen Trinkens.

Kleine Geschenke erhalten
die Freundschaft nicht

Ein Begrüßungstrunk für den Freund ist heute eine fast
schon alltägliche Aufmerksamkeit. Um eine Freundschaft
wahrhaft und mit Begeisterung zu führen, reicht es aber
nicht mehr, sich mit den vielzitierten kleinen Geschenken aus der Affäre zu ziehen. Wer dem Freund oder der
Freundin zum Vierzigsten einen CD-Ständer, den ADAC-
Straßenatlas vom Vorjahr oder einen Eiskratzer fürs Auto
überreicht, wird ihn oder sie kaum erfreuen, sondern

vielleicht schon bald verlieren. Wahre Freunde beschenken sich dagegen mit Zeichen wahrer Freundschaft, zu bestimmten Anlässen, bei Besuchen, Feiern oder zum Geburtstag. Das Geschenk, das der Freund für den Freund wählt, ist dabei nie nur eine belanglose Dreingabe, sondern immer etwas, auch wenn es doch einmal geringer ausfallen sollte, das Bedeutung hat: ein Freundschaftsbeweis.

Es ist nicht einfach mit dem Schenken. Geschenke sollen überraschen und erfreuen, sie sollen Verbundenheit und Dankbarkeit ausdrücken – in einer unerwarteten Art und Weise, das ist ihr eigentliches Ziel. So klar dieses Ziel ist, es zu erreichen, ist nicht einfach. Jeder kennt aus eigener Erfahrung viele Fälle, in denen ein Geschenk ganz anderes bewirkt, als es sollte: Verärgerung, ja Kränkung. Geschenke, die nicht wirklich durchdacht sind, können eben nicht nur Beweise der Freundschaft und Verbundenheit sein, sondern zeugen allzuoft von Unaufmerksamkeit, Gedankenlosigkeit, Zeitnot, ja von barem Geiz, und statt der Nähe, die in ihnen zum Ausdruck kommen soll, schaffen sie Distanz und Befremden zu denen, die eigentlich beglückt werden sollen. Und so sind Geschenktermine mindestens so oft Anlässe für Enttäuschungen wie jene Sternstunden höchsten Glückes, die wenigstens der Idee nach ein Geschenk bescheren sollte.

Das Elend des Schenkens liegt in der falschen Wahl der Gabe. Es verdoppelt sich zu allem Unheil, denn es gibt so etwas wie ein unausgesprochenes Reklamationstabu. Auch das mißlungene Geschenk bleibt ein Geschenk, etwas, worauf man kein Anrecht hat und das freiwillig geleistet wurde. Außerdem verbietet allein der Wunsch, der Anlaß des Schenkens, der eigene Geburtstag, die Hauseinweihung oder das gemeinsam verbrachte Weihnachtsfest, möge wenigstens halbwegs gelingen, eine umgehende Beschwerde.

KNAUSRIGKEIT BLEIBT NIE UNBEMERKT

Schon der gelehrte Theodor W. Adorno wußte in seinen *Minima Moralia* vom Elend um das Schenken ein Lied zu singen: »Noch das private Schenken«, so schreibt er da treffend, »ist auf eine soziale Funktion heruntergekommen, die man mit widerwilliger Vernunft, unter sorgfältiger Innehaltung des ausgesetzten Budgets, skeptischer Abschätzung des anderen und mit möglichst geringer Anstrengung ausführt.« Doch das Problem besteht nicht nur darin, daß es offenbar eine gesunkene öffentliche Moral des Schenkens gibt, zu viele also, die nicht mehr von Herzen schenkten, wie in irgendwelchen guten, alten Zeiten, die Adorno offenbar noch vorschwebten. Es besteht mindestens genauso sehr darin, daß wir ausgerechnet im Schenken – als ein Akt des Sichtbarmachens unserer Verbundenheit – genau gegen das Prinzip verstoßen, in dessen Namen wir handeln wollen. Dazu noch in der irrigen Meinung, man würde unserem Geschenk gar nicht anmerken, daß es auf eine vollkommen sorg- und lieblose Art zustande gekommen ist und wir glauben, uns so ohne sonderlichen Aufwand elegant aus der Affäre ziehen zu können.

Wir müßten es eigentlich besser wissen: Denn wir alle dürften darin übereinstimmen, doch ein unheimlich empfindliches Organ zu haben, das genau registriert, welcher Art die Hoch- oder auch Geringschätzung unserer Person ist, die in einem Geschenk zum Ausdruck kommt. Was sich wie ein Freundesgeschenk auf die psychologische Balance zwischen Anerkennung und Ablehnung unserer Person bezieht, wird von uns sofort bemerkt und eingeordnet. Wir reagieren auf die meisten Geschenke, die wir erhalten, mit starken Gefühlsregungen, auch wenn diese durch das Reklamationsverbot fast immer unterdrückt werden. Knausrigkeit bleibt nie unbemerkt, denn jeder hat ein untrügliches Gespür dafür, ob etwas fehlt, was ihm gebührt. Es ist der Mangel an einem Geschenk, den wir sofort entdecken, nicht der Überfluß.

Solche Gefühlsreaktionen löst nicht allein jenes größtmögliche vorstellbare Geschenkdesaster aus, ein eigenes Geschenk irgendwann später einmal wieder von einem Freund zurückgeschenkt zu bekommen: nicht in voller Absicht, sondern natürlich aus purer Unachtsamkeit dessen, der es zurückschenkt. (Der nicht ganz ernst gemeinte Rat, Bücher aus Gründen der Rückschenk-Prophylaxe niemals ohne handschriftliche Widmung zu verschenken, hat durchaus etwas für sich.) Der Groll über den Geiz, nicht nur an Geld, sondern ganz allgemein, an fehlendem Aufwand und Bemühen, beginnt schon viel früher: bei Geschenken etwa, die weder Wert für den Beschenkten noch für den Schenkenden haben: Der Kunst-Fotoband der Industrie- und Handelskammer, den der Freund bei der letzten Weihnachtsfeier im Betrieb selbst unter kaum überspielbarem Mißvergnügen in Empfang nehmen mußte, wird von ihm wenige Tage später recycled und als »Wanderpokal« höchstfeierlich dem nächsten überreicht, auch wenn dieser bislang mit »Stahlbildwerken der avantgardistischen Moderne« genauso wenig zu schaffen hatte wie der Vorbesitzer. Zum selben Problemkomplex zählen auch solche Geschenke, die keinerlei Wert für den Beschenkten und lediglich einen für den Schenkenden haben. Hier führen konkurrenzlos selbstverfaßte Druckerzeugnisse die Top ten der unbedingt zu vermeidenden Geschenke an, der Aufsatz zu Horaz' Versmethodik aus dem Altphilologen-Fachblatt etwa, die der Lateinlehrer seinem Freund, einem Outdoor- und Freizeitaktivisten überreicht, und der beste Chancen hat, schon wenige Stunden nach der Übergabe im Papierkorb zu landen.

Natürlich regen sich Aversionen erst recht bei allem, was wir als zu gering bemessen empfinden. Ein verräterischer Hinweis darauf, daß schon der Freund die eigene Gabe als etwas zu mickrig einstuft, ist dabei der unkenntlich gemachte Kaufpreis, etwa mittels eines dicken Filzschreibers auf der Taschenbuch-Rückseite. Das unkenntlich gemachte Preisschildchen ist nie das, was die, die es tilgen, ihren Adressaten weismachen wollen, nämlich Zeichen für eine gänzlich antimaterialistische, wahrhaft humanistische Schenkgesinnung mit der Absicht, in das Geschenk solle sich zur Reinhaltung des Ideellen ja kein materieller Wert störend einschleichen. Vielmehr ist es meist nur die Manifestation des schlechten Gewissens über den eigenen Geiz. Tatsächlich werden fast ausnahmslos solche Kaufpreise gelöscht, die eher zu niedrig sind, der Beziehung zwischen Schenkendem und Beschenktem unwürdig erscheinen und im Grund nur das Schäbige in der Einstellung des Schenkenden zum Ausdruck bringen. So ist es auch beim völlig wertlosen Geschenk, bei dem manche Freunde versuchen, es etwa durch eine Legende oder irgendwelche anderen Sprüche nachträglich zu »originalisieren« und so seinen Wert zu steigern. Unter diese Kategorie fallen allerlei Bücher, die man selber geschenkt bekommen hat, aber nicht brauchen kann. Oder solche, die man doppelt hat und die man nun – ohne größeren Verlust – elegant entsorgen kann, indem man sie weiterreicht wie jenen Trödel, der unter Aufbietung der abwegigsten Sprüche als extra und unter Mühen für den Beschenkten auserwählt überreicht wird. (»Das Buch habe ich für dich im Antiquariat erstanden.« oder: »Das habe ich für dich auf dem Flohmarkt gekauft.«) Zum Freundesgeschenk taugt nie etwas, das man selbst nicht mehr braucht und nun als Geschenk ausgibt.

Geradezu verletzend sind am Ende vor allem solche Geschenke, die erkennen lassen, daß der eigene Freund oder die eigene Freundin die höhere Bedeutung eines besonderen Anlasses nicht würdigen will oder kann. Wer dem Freund oder der Freundin zur Hochzeit ohne weitere persönliche Kommentare einen Umschlag mit zwanzig Euro in die Hand drückt, wem nichts Besseres einfällt, als das Buch *Kochen mit dem Wok* zu schenken oder ein Sortiment Weinbrandbohnen am Rande des Verfallsdatums überreicht, braucht sich nicht zu wundern, wenn die Beschenkten eher geknickt sind. Genauso brüskiert die Betroffenen, wer zur Geburt des Kindes seines engsten Freundes nichts Nettes aus dem Spielwarenhandel schenkt, sondern an der Wiege des Neugeborenen mit den abgelegten Kinderklamotten aus dem eigenen Fundus aufwartet, die andernfalls direkt an die Björn-Staiger-Stiftung in den Sammelcontainer um die Ecke gegangen wären. Auch wenn der Überbringer der Gaben sie vor dem jungen Elternpaar ausbreitet als seien es Gold, Weihrauch und Myrrhe, so ist dieses Verhalten sicher nicht mehr im grünen Bereich. Wenn auch noch herauskommt, daß er gar nicht wie die Könige aus dem Morgenland seinen Weg direkt an die Krippe des Kindleins gelenkt hat, sondern sowieso nur auf der Durchreise war, werden die Beschenkten nicht umhinkönnen, die rote Karte zu zücken und dem Freund den fälligen Platzverweis zu erteilen.

DANAERGESCHENKE

Danaergeschenke nennt man seit Homer und der griechischen Antike solche Geschenke wie das Trojanische Pferd, die sich im nachhinein für den, der es erhält, als unheilvoll und schadenbringend erweisen. Und es scheint, als kennte auch unsere Zeit solche Gaben unter Freunden nur zu gut. Echte Zornesröte steigt uns ins Gesicht, wenn wir von Freunden Geschenke mit vielfältigen sozialen Funktionen erhalten, von denen der Schenkende auch in diesem Fall dem Irrtum aufsitzt, sie blieben dem Adressaten verborgen. Dazu zählt zu allererst das nötigende Geschenk: das ist die Ausbeutung des Anstands der anderen. Eine Essenseinladung etwa für Menschen, um deren Aufmerksamkeit wir buhlen, die aber wiederholt signalisiert haben, daß sie eigentlich mit uns nicht sonderlich viel zu tun haben wollen. Dieses Geschenk hat einen Zweck, der über die bloße Wertschätzung hinausgeht. Es liegt jedoch im Wesen des echten Geschenks, daß es kein Instrument sein will, nicht einmal im Dienst edelster Absichten.

Ein zweite unmögliche Geschenkidee unter Freunden ist das direkt persönliche Kritik ausdrückende, ja pädagogische Geschenk: Nichtraucher-Ratgeber, Abnehm- und Diätbücher oder das Bändchen aus dem Spiritualitätsregal der Bahnhofsbuchhandlung *Von Ruhe und Gelassenheit,* das uns offenbar vor Augen führen soll, daß wir in der Sicht des Gebers doch ein ganz schreckliches Nervenbündel sind und uns doch bis zum nächsten Weihnachtsfest gefälligst dorthin entwickeln sollten, wo der Geber seiner eigenen Einschätzung nach längst angekommen ist. Letztlich, ein mindestens so schwer hinnehmbares Danaergeschenk: das *belehrende*, ja unverhohlen *besserwissende* Geschenk, wie es in Reinformat auf dem Markt verfügbar ist, seit Dietrich Schwanitz seinen Bestseller *Bildung. Alles was man wissen muß* veröffentlicht hat – und seither alle damit Beschenkten zu Hohlköpfen degradiert hat, die offenbar eben (noch) nicht wissen, was man wissen muß.

In den meisten Fällen erkennen wir scharfäugig und nur zu schnell, wenn und wo etwas faul ist an den Gaben, die man uns überreicht. Allerdings gibt es wenige Fälle, in denen die Tarnung doch gelingt. Diese Geschenke sind gleichsam unmoralisch, vielleicht noch perfider als die genannten. Sie lösen in ihren Empfängern wahre Freudengefühle aus, die aber auf einer Lüge beruhen. Gemeint sind solche Geschenke, an die der Schenkende rein zufällig und ohne Aufwand geraten ist: Wenn sie Bergkristall über alles liebt, und die beste Freundin im Nachlaß der verstorbenen Großmutter zufällig eine Bergkristallkette findet, diese ihr zum Geburtstag überreicht und die Wirkung auch noch durch die Anekdote steigert, es hätte sie zwei Wochen Recherche und dazu ein Vermögen gekostet, an dieses rare Stück zu kommen, dann mag das Geschenk zwar einen maximalen Erfolg erzielen. Dennoch wird dieser Moment, der eigentlich dem Leuchten der reinen Freundesliebe vorbehalten ist, von der desavouierten Geschenkidee selbst überschattet bleiben. Wer sich derart verhält, wird letztlich straffrei ausgehen, aber er oder sie wird fortan mit einer Lüge leben müssen. Aber ganz egal, in der Welt der alltäglichen psychologischen Erscheinungen gibt es wohl nichts, was sich nicht verdrängen ließe.

Die gestiegene Enttäuschungsgefahr unter Freunden hat ihre Ursachen nicht nur darin, daß heute einfach nur schlampiger oder gedankenloser geschenkt würde als früher. Vielmehr hat die allgemeine Erwartung, die ein Geschenk erfüllen muß, enorm zugenommen, damit natürlich aber auch die Möglichkeit, beim Schenken Fehler zu machen. Schenken ist schwieriger geworden, das ist auch ein Ergebnis jenes fortgeschrittenen Individualismus, der unser Leben heute bestimmt. Wir, wie unsere Freunde, sind anspruchsvoller geworden, oder wie es bei Folgedebatten um angeblich mißratene Geschenke gerne heißt: »Dir kann man es auch nie recht machen!« Uns *allen* hochempfindlichen Spätindividualisten kann man es tatsächlich kaum noch recht machen. Denn wir fordern heute nicht mehr und nicht weniger, als daß im Schenkungsakt unsere ganz besondere, einzigartige Individualität erkannt, wahrgenommen und schließlich darauf eingegangen wird. Wir wollen erkennen, daß derjenige, der uns beschenkt, sich auch mit uns auseinandergesetzt und sich den Kopf zerbrochen hat, bevor er entschieden hat: das und nichts anderes soll das Geschenk sein.

Persönliche Passgenauigkeit

Wenn gerade Freundschaft aus dem persönlichen Bezug lebt, dann wird klar, daß auch ein Freundschaftsgeschenk persönlich sein sollte: Das klingt überzeitlich selbstverständlich, ist es aber keineswegs. In seinem Ursprung hat das Geschenk ganz andere Funktionen, es akzeptiert und symbolisiert hierarchische Verhältnisse, es tritt auf als Spende, Mitgift oder Stiftung, jedoch mit klarer, unverhüllter Absicht, ein bestimmtes Ziel zu erreichen. Schon das archaische Geschenk ist mehr oder weniger unverhohlen ein Bestechungsgeschenk: Es geht darum, einen eigenen politischen oder ökonomischen Vorteil zu erzielen, ja auch einen solchen, der dem eigenen Seelenheil im Jenseits nachhelfen soll. Das reine Freundschaftsgeschenk, funktions- und interesselos und nur den Wert der persönlichen Beziehung herausstellend und symbolisierend, ist eine zivilisationsgeschichtlich junge Erscheinung. Aber selbst dieses Geschenk war in seinen Anfängen längst noch nicht »individuell«, sondern hatte einen allgemeinen übertragbaren Nutzen, wie etwa Nahrungsgeschenke, Geld oder Kleidung. Von einer Art individuellen Zuschnitts weiß die Kulturgeschichte des Schenkens lange Zeit nichts zu berichten. Und so war es wohl bis in die dürren Zeiten nach dem Zweiten Weltkrieg hinein.

Mit Unpersönlichem geben wir uns heute weniger als je zuvor ab. Die Flasche Sekt oder den Umschlag mit Bargeld nehmen wir zwar beim 25jährigen Berufsjubiläum aus den Händen unseres Chefs entgegen, von jemandem, den wir einen Freund nennen, ist der »Delikatessen-Geschenkkorb im Wert von 50 Euro« als Geschenk ein schierer Affront. Wir vermissen die persönliche Note, die Größe eines Geschenks.

Doch selbst das persönlich gemeinte Geschenk garantiert noch nichts. Denn verfehlt es den Effekt, stößt es bei allen guten Absichten ebenfalls auf denkbar wenig Gegenliebe. Im Zweifel zählt nicht die Absicht, sondern die Wirkung, das Geschenk muß paßgenau sein. Wer einem befreundeten Cineasten mit dem Lieblingsthemengebiet »frühe Stummfilmzeit« eine Kevin-Costner-Biographie überreicht oder einem Historiker mit dem Interessenschwerpunkt »Wirtschaftsgeschichte der frühen Karolingerzeit« den Wälzer *Die großen Schlachten der Weltgeschichte* unter den Christbaum legt und auf dem beigelegten Grußkärtchen seiner Hoffnung Ausdruck verleiht, damit »einen Volltreffer für Walter« gelandet zu haben, der dürfte eher auf Verdruß stoßen denn auf helle Freude. Vielleicht auf Schlimmeres noch, denn mit diesem Geschenk läßt der Schenkende erkennen, daß er zwar in der Lage ist, das Interessengebiet des Freundes, den er beschenken will, grob einzukreisen, er erweist sich jedoch als nicht in der Lage, das Geschenk wirklich paßgenau zu plazieren. Im Endeffekt könnte dieses Geschenk zum Ausdruck bringen, daß der Schenkende sein Interesse an den unzähligen detaillierten Ausführungen des Beschenkten zu seinem Lieblingsthema anläßlich von Essenseinladungen oder in der Kneipe immer nur geheuchelt, aber nicht wirklich mobilisiert hat. Es signalisiert vielleicht sogar, daß es ihn eigentlich nie recht interessiert hat, ja vielleicht noch mehr, daß ihm die Vorträge seines Freundes zum Thema immer schon auf die Nerven gegangen sind. Nur das Ähnliche, Verwandte im Geschmack eines anderen zu treffen und nicht den genauen Geschmack, nähert nicht an, sondern betont das Trennende. Anders ausgedrückt: Beim Schenken ist knapp daneben nicht nur auch daneben, sondern fast durchweg tatsächlich voll daneben.

Auch wenn wir uns schwören, unsere überdrehten Erwartungshaltungen – des gütlichen Fortbestandes unserer Freundschaftsbeziehungen halber – das nächste Mal zurückzuschrauben, am Ende schauen wir wieder einmal betröppelt drein. Fast immer führt das dazu, daß wir uns der finsteren Gedanken nicht erwehren können, die, die uns enttäuscht haben, beim nächsten Anlaß gleich zu behandeln. Wir zahlen gern mit gleicher Münze zurück, was wir erhalten haben, und die so Beschenkten reagieren genauso verschnupft. So beginnt eine unheilvolle Spirale: wir speisen uns abwechselnd mit immer kleinlicheren Pflichtgeschenken ab – und irgendwann lassen wir es ganz sein und beerdigen die Beziehung.

Dagegen hilft nur zweierlei. Wir könnten versuchen – wenn uns denn noch etwas an der Freundschaft liegt –, aus dem unheilvollen Kreislauf auszubrechen, indem wir ein Exempel statuieren und zu einem wirklich besonderen Geschenk zurückzukehren. Dann geben wir der Beziehung zu denen, die wir beschenken, eine neue Chance. Oder wir durchbrechen das Reklamationstabu und sagen dem Freund offen ins Gesicht: »Das hat mich nicht gefreut.« Hier ist das Risiko der Verstimmung nicht unerheblich, und in vielen Fällen führt solch ein offenes Wort dazu, daß wir nie wieder etwas geschenkt bekommen. Oder aber der Minderwert des Geschenks macht deutlich, daß in der Freundschaft bereits der Wurm drin ist, und die Reklamation führt zum Ausbruch der latenten Freundschaftskrise. Eine ehrliche Reaktion kann aber auch die Chance zu einem Neuanfang oder wenigstens zu einem bewußteren Umgang miteinander sein, der das Unbehagen durchbricht und die Beziehung zwischen denen, die sich beschenken, auf eine neue, bewußtere Ebene hebt.

Nur der Empfänger entscheidet

Beim Schenken endet die Kraft des Gutgemeinten. Allein die Wirkung beim Adressaten eines Geschenks entscheidet darüber, ob das Geschenk, das ihm gemacht wird, gut ist oder schlecht. Zugegeben, auch hier gibt es Ausnahmen. Der abgeschlagene Kopf des größten gemeinsamen Feindes, präsentiert auf einem Silbertablett, dürfte heute vom Freund nicht mehr als gelungenes Geschenk gewertet werden. Wahrscheinlich würde es auch gar nicht den erfreuen, dem man es überreichte. Das gelungene Geschenk kann selbst etwas sein, was keinerlei erkennbaren äußeren Wert hat. Es kann aber für den, der es empfängt, ein Leben lang ein Heiligtum bleiben: Das kann ein verrostetes Nummernschild sein, eine Flasche gefüllt mit dem schwarzen Sand von Lanzarote, vielleicht ein von Wind und Wetter eigentümlich geformtes Stück Holz, das eine der Freundin oder einer dem Freund in einem ganz besonderen Moment überreicht, an den beide immer wieder einmal zurückdenken werden.

Das perfekte Geschenk zu den üblichen Anlässen erfreut, wenn ihm nicht weniger als das Einfühlen in den anderen anzumerken ist oder, weniger pathetisch formuliert, wenn ihm eine tiefgehende Beschäftigung mit der Lebenssituation, Persönlichkeit und der spezifischen Beziehung vorausgeht, die der Schenkende zu demjenigen pflegt, dem das Geschenk Freude und Erinnerung sein soll. Dann kann Schenken das Anrührendste sein, was es zwischen Menschen gibt. Ein Geschenk aus Freundschaft ist eine Möglichkeit, die das Leben nicht oft bietet. Es läßt ein Gefühl, das zwei Menschen verbindet, greifbar werden – und etwas von diesem Gefühl wird immer wieder zurückkehren, wenn wir das Geschenk später wieder in Händen halten. Diesem Gefühl den bestmöglichen Ausdruck zu geben, das ist die Kunst des Schenkens.

In einer Freundschaft gibt es aber auch ganz andere unerwartete Momente, die einer nutzen kann, dem Freund seine Verbundenheit anzuzeigen, ganz ohne daß es dazu eines materiellen Geschenkes bedürfte. Es sind dies rare Gelegenheiten, Freundschaftsgefühle in konkrete Taten zu verwandeln. In solchen Augenblicken kann jemand seinen Freund schützen, ihm oder ihr beistehen, ihn oder sie verteidigen oder ihr oder ihm nur eine große Hilfe sein. Vor allem zeichnet sich solch ein tätiger Freundesbeweis dadurch aus, daß er gewährt wird, ohne daß derjenige, dem dieser Dienst erwiesen wird, erst darum bitten müßte: Das Angebot kommt unaufgefordert, und dann wie selbstverständlich. Ein Freundschaftsdienst kann etwas sein, was einer für den Freund tut und was dieser ihm nie vergißt, ihm oder ihr vielleicht im Trennungsstreß für ein paar Tage Obdach zu gewähren oder, weit alltäglicher, das Angebot zur Umzugshilfe auszusprechen.

NAGELPROBE UMZUGSHILFE

Die Umzugshilfe, obwohl nicht sonderlich spektakulär unter Freunden, ist wohl einer der populärsten Freundschaftsbeweise, die es gibt. Sicher kein besonders hoher, edler, erhabener, aber ein ganz praktischer, handfester, der

84

viel mehr erkennen läßt, als daß einer nur jene Kunst des *social engineering* beherrscht, die sich jetzt auszahlt. Auch wenn man heute im Zeitalter zunehmender Mobilität immer häufiger den Ort wechselt, ein Umzugstag ist noch immer etwas Besonderes. Ein Lebensabschnitt geht zu Ende, ein neuer beginnt in der neuen Wohnung, in der neuen Stadt, vielleicht nicht mehr zur Miete, sondern jetzt im Eigenheim.

Es sind bei näherem Besehen nicht nur praktische Erwägungen, das Umzugsunternehmen einzusparen, die uns dazu veranlassen, Freunde um ihre Hilfe zu bitten. Der Umzugstag ist von höherer Bedeutung – nicht nur organisatorisch, sondern auch emotional. Umzugsstreß ist nicht nur das Resultat eines gestiegenen praktischen Aufwandes, sondern auch Folge der inneren Aufgewühltheit, die sich mit dem Ortswechsel einstellt. Es beginnt nicht nur ein neuer Lebensabschnitt, sondern wir vollziehen diesen Wechsel vor den Augen unserer Angehörigen und Freunde. Wir vertrauen denen, die uns helfen, nicht weniger als unsere persönlichen Gegenstände an, darunter viele, zu denen wir eine ganz besondere Verbindung haben.

Ein Umzugstag ist ein Tag, an dem Freundschaft und Freunde sichtbar werden oder eben die Tatsache, keine Freunde zu haben – und nur ein paar gute Bekannte, die man als Packesel anheuert. Für den Freund schweißtreibende Arbeit zu verrichten, mitzuhelfen, daß er in einer schönen, neuen Umgebung ankommt, ihm über die Zweifel und Unsicherheiten des neuen Ortes hinwegzuhelfen, ihm dabei alles Gute zu wünschen und ihm wärmstens zu gönnen, daß ein Segen über dem neuen Zuhause liegt – das ist etwas ganz Außergewöhnliches. Der Freundschaftsdienst beim Umzug ist ein Arbeitstag, der neben der tatkräftigen Unterstützung auch voller emotionaler Symbolik steckt, wenn alte Wurzeln gekappt und neue geschlagen werden.

Wer jemandem anbietet, ihm beim Umzug zu helfen, signalisiert, daß er sich als dessen Freund empfindet, ihm jetzt zur Seite stehen und behilflich sein will – wie es sich auch im umgekehrten Fall nicht immer, aber doch zumeist so verhält, daß der, der da umzieht und andere um Umzugshilfe bittet, nicht nur irgendwelche kostenlosen Packer braucht, sondern diejenigen fragt, die er als seine Freunde empfindet. Zu Freundesdiensten zieht man fast immer diejenigen heran, von denen man sicher sein kann, daß sie einem diesen Gefallen gerne tun, und mehr noch, die es einem vielleicht sogar verübelten, würde man sie nicht fragen. Um Hilfe zu bitten muß nicht unbedingt, kann aber auch für den, der von seinen Freunden profitiert, eine Vertrauensgeste, ein Freundeszeichen sein. Deswegen ist bei Umzügen die Frage, wer mithilft, mindestens so interessant, wie diejenige, wer dafür nicht in Frage kommt.

Wen wir nicht dabeihaben wollen, das sind aller Erfahrung nach nicht einmal so sehr jene Bekannte, denen wir nicht gewogen oder gegen die wir gar aktiv etwas hätten. Es sind eher solche, denen wir durchaus wohlgesonnen sind, aber bei denen irgend etwas zur echten Freundschaft fehlt. Es sind vielleicht solche Zeitgenossen, die wir durchaus wegen ihrer Kompetenz respektieren, ja sie wegen ihres Erfolges beneiden oder geschmeichelt sind, von ihnen geachtet zu werden, solche, die wir im Alltagsleben vielleicht wegen eines bestimmten Talents hoch achten. Vielleicht haben wir mit ihnen auch schon einmal nach Feierabend ein Glas Wein getrunken, Berufskollegen, Förderer aller Art, oft noch solche, bei denen wir uns nicht ganz im klaren sind, ob wir sie von Herzen schätzen oder nur etwas an ihnen bewundern, was wir selbst gerne hätten oder könnten, oder solche, die wir uns irgendwie als Freunde vorstellen könnten, es aber (noch) nicht sind. Eigenartigerweise wissen wir nur zu genau, daß jene für solche Freundesdienste nicht in Frage kommen. Die Umzugshilfe ist der Lackmustest: Wenn wir an diesem Tag auf einmal wissen, daß wir diese und jene nicht dabeihaben wollen, dann ist daß ein zuverlässiges Indiz dafür, daß die einen nicht zu unseren wahren Freunden zählen – die anderen dafür schon.

Vom Umgang mit Geld unter Freunden

Ein verbreiteter, aber dennoch sehr kontrovers diskutierter Freundschaftsdienst ist es, einem Freund aus finanziellen Schwierigkeiten zu helfen. Soll man einem Freund Geld leihen? Und soll man als Mensch in Finanzschwierigkeiten zum Freunde gehen, um sich Geld zu leihen? »Beim Geld hört die Freundschaft auf«, heißt ein Sprichwort. Es scheint sich tatsächlich auf viele Erfahrungen zu berufen, an denen Freundschaften wegen des lieben Geldes zerbrochen sind. Dennoch, das Sprichwort ist eines der wenigen Beispiele dafür, daß der Volksmund bisweilen Unsinn redet. Vielmehr ist es so, daß sich beim Geld häufig erst zeigt, daß die Freundschaft, die sich in Finanznöten nun im wörtlichen Sinn auszahlen soll, gar keine echte war oder ist und daher endet, wenn das Gespräch auf das Thema Geld kommt. Die Frage, ob ich einem Freund einen größeren Betrag leihe oder nicht, ist eine Frage des Vertrauens. Ist davon zuwenig da und bescheidet der vermeintliche Freund das Gesuch des Bittstellers abschlägig, endet nicht die Freundschaft, sondern es wird klar, daß es noch nie eine Freundschaft war, die zwischen den Betreffenden herrschte.

Genauso wie echte Freunde voneinander wissen, wieviel Geld sie haben oder verdienen und jene speziell deutschen Geheimniskrämereien in Dingen der Privatfinanzen unter Freunden fehl am Platz sind, weil sie nur Mißtrauen ausdrücken, leiht man sich unter echten Freunden selbstverständlich Geld, wenn es nötig ist. Wenn einer in einer Notlage ist, wendet man sich an den Freund. *That's what friends are for.* Wer skeptisch ist, den Bittgang zum Freund scheut oder auch wer dem anderen nicht finanziell helfen will, zaudert in aller Regel nicht wegen einer moralischen Frage, sondern wegen etwas ganz anderem. Er zweifelt offenbar an der Freundschaft oder hat Bedenken, ob die Freundschaft stark genug ist, diese Belastung auszuhalten: In Fragen des Geldes kommt mit einem Mal die ganze Freundschaft auf den Prüfstand. Wer sich seines Freundes sicher ist, wird nicht zögern, ihn um Hilfe zu bitten oder auch ihm Geld zu leihen, zinslos versteht sich. Wer jedoch zögert, erhält dadurch unbeabsichtigt eine ganz neue Antwort auf die Zweifel, die er vielleicht immer schon an dieser Freundschaft hatte. Er weiß mit einem Mal, daß sie vielleicht noch nie eine war.

Schützen, Beistehen, Aufrichten: Freunde in der Not

Wohl erst in echten Notlagen zeigt sich, daß Freundschaft nicht nur jener harmonische Gleichklang zweier wesensverwandter Seelen ist, eine Freizeitveranstaltung zum Zwecke der gegenseitigen Genußoptimierung mehr oder weniger erfindungsreicher Zeitgenossen, die an sich einen Narren gefressen haben, sondern viel mehr. Freundschaft kennt eine ganz und gar ernsthafte Seite, auch wenn sie unter der allgemeinen Coolness und modischen Unverbindlichkeit nur selten aufblitzt, vielleicht deswegen von manchen schon vergessen wurde. Sie ist, ganz ohne jede Ironie, ein gegenseitiges Schutz- und Hilfsbündnis.

Der Freund steht dem anderen bei, wenn dieser in die Ecke gedrängt ist, ob vom Schicksal oder von anderen mißliebigen Mitmenschen, die ihn anfeinden – auch wenn der Freund noch so umzingelt und in der absoluten Minderheit rettungslos verloren ist. Ein Freund steht zu seinem Freund, das schuldet er seiner Aufrichtigkeit. Freunde halten zusammen. Das hört sich etwas verstaubt heldenhaft an oder wie aus einem schlechten Werbetext der Bausparkasse und ist doch nur Ausdruck dessen, daß Freundschaft eben nicht nur eine Schönwetterveranstaltung ist, sondern Seiten existenzieller Notlagen kennt. Sie wird von Freunden auch dann noch – oder gerade dann – besonders bewußt geführt, wenn es darum geht, dunkle Tage gemeinsam zu bewältigen und durchzustehen. Ja selbst dann ist dem so, wenn Freunde das Glück haben, diesen Beistand nie voneinander eingefordert haben zu müssen.

Das Leben kennt viele Krisen: ausgelöst durch beruflichen Mißerfolg, Trennung, Krankheit oder den Verlust eines geliebten Menschen. Wer sie je durchlebt hat, weiß, wie wohltuend und erleichternd die Anteilnahme und das Mitgefühl von Freunden in solchen Lagen sein können und wie bitter und enttäuschend es ist, wenn sie ausbleiben. Kein Trost kann die Not nehmen, und am Ende sind wir auf unserem Lebensweg doch immer nur einsame Landstreicher, beladen mit einer ungewissen Zukunft. Aber es ist nicht wenig, wenn man sich mit seinem Schmerz und seiner Not nicht allein gelassen fühlt, wenn man erfährt, daß ein Freund, der Trost spendet, schlicht versteht, wie es um einen steht. Es ist nicht nur gedankenlos dahingeredetes Pastorengesäusel, sondern tatsächlich so: Geteiltes Leid ist oft halbes Leid. Unterstützen, Erleichtern, Aufrichten, jemanden mit seinem Schmerz und

Unglück nicht allein zu lassen – das ist es, was Trost bewirken kann.

Die erste Lektion, die einer in der Notlage eines Freundes gelernt haben sollte, ist es, den anderen in seiner Krise *ernst zu nehmen.* Das klingt banal, und doch lehrt die Erfahrung, daß es immer wieder Verhaltensweisen gibt, in denen wir uns weigern, den Ernst der Lage des anderen anzuerkennen. Viel mehr versuchen wir ihn, so lange es geht, zu ignorieren oder zu verdrängen, wohl weil nicht sein kann, was nicht sein darf. Was gutgemeint war, verfehlt so oft das Ziel, weil es der Krise nicht wirklich gerecht wird, sie bagatellisiert oder vollends verharmlost. Ja, wir neigen dazu, andere in der Krise unverhohlen zu belügen, in der Hoffnung, somit das ganze Ausmaß der Krise dessen, der sie durchleidet, verbergen zu können.

Es gibt eine Szene in dem Spielfilm *Papillon* von Franklin J. Schaffner, die den Sachverhalt gut trifft. Papillon, gespielt von Steve McQueen, und sein Freund Dega (Dustin Hoffman) sind auch bei ihrem dritten Versuch, aus dem Gefängnis in Französisch-Guyana zu fliehen, geschnappt worden. Diesmal verordnet der unmenschliche Gefängnisdirektor den beiden Ausbrechern zwei Jahre Dunkelhaft bei halber Tagesration, Zelle an Zelle. Nur einmal im Monat wird eine Luke der Tür geöffnet, und es dringt Licht in die Zelle. Geblendet vom grellen Tageslicht strecken die Gefangenen ihre Köpfe heraus – zur Desinfektion und Kopfrasur. Das auch sind die einzigen Momente, in denen sich Dega und sein Zellennachbar sehen können. »Wie sehe ich aus?« krächzt der vom Tod gezeichnete Papillon zu Dega herüber, dessen Kopf aus der Zellentür nebenan ragt. »Du siehst sehr gut aus!« erwidert der, obwohl Papillon tatsächlich den Eindruck macht, als würde er den nächsten Tag nicht mehr erleben.

90

Im Englischen nennt man eine solch gutgemeinte Lüge eine *white lie*, eine »weiße Lüge«. Man könnte den Satz, der hier fällt, auch ein gutes Beispiel für eine Durchhalteparole nennen. So reagieren wir oft, wenn es schlimm um den Freund oder die Freundin steht, wenn er oder sie vielleicht lebensbedrohlich erkrankt oder verletzt ist. Wir reagieren instinktiv, indem wir durch die Erwähnung von irgend etwas Positivem, Ermunterndem dem Betroffenen meinen Mut machen zu können – und doch ist das kein guter Freundschaftsdienst.

Trost ist aktive, praktisch gewordene Anteilnahme am Schicksal des anderen. Im besten Sinn ist er von einer emotionalen Intelligenz abhängig, das, was dem anderen zugestoßen ist, auf sich selbst zu übertragen, um sich in den anderen hineinversetzen zu können. Wer die Frage »Was wäre mir hilfreich, was täte mir gut, wenn ich an Stelle des Notleidenden wäre?« zufriedenstellend beantworten kann, der ist zu echtem Trost befähigt. Dazu bedarf es einer Vorstellungsgabe, die aus eigenen Erfahrungen stammen kann, es aber nicht muß: Ich muß nicht unbedingt selbst schon einmal in der gleichen aussichtslosen Lage wie der Freund gewesen sein, um ein guter Trostspender zu sein. Es kann durchaus genügen, daß ich ein Mensch mit emotionaler Reife bin. Die Voraussetzung für Trost, der seine Wirkung nicht verfehlt, besteht darin, daß sich Notleidende in ihrer Situation überhaupt verstanden fühlen. Denn genau daran fehlt es so oft.

Nicht mehr ganz bei Trost

»Von Beleidsbezeigungen am Grabe bitten wir Abstand zu nehmen.« Dieser Satz, den Hinterbliebene oft in Todesanzeigen setzen, ist vielfach keineswegs aus einer Art Mitleidsverweigerung der Angehörigen motiviert, sondern aus der immer wieder erlebten Erfahrung, daß Mitfühlende noch am Grab und trotz bester Absichten verletzten, weil sie nicht die rechten Worte finden oder inmitten der schwierigen Situation sonst irgend etwas sagen, was gänzlich daneben ist. Auch Freunde können durch die falschen Worte für zusätzlichen Streß bei den Hinterbliebenen sorgen, denn zur Trauer kommt auch noch die leidvolle Aufgabe hinzu, all die Gutmeinenden abzuwimmeln.

Wer tröstet, meint fast immer, schon weil er bester Absichten sei, müßten alle Worte, die seinem Mund entströmen, nur wertvoll sein. Nur, so ist es nicht. Einem Freund, dem die Ärzte am Krankenbett noch ein halbes Jahr gegeben haben, zu sagen: »Das wird schon wieder! Jetzt den Kopf nicht hängen lassen!« ist kein Trost, sondern bestenfalls unbedacht. Dem arbeitslos gewordenen Freund gegenüber drauflos zuschwadronieren, die eigene schlimme Lage doch auch als Chance zu sehen, ist wenig einfühlsam. Erst wer der Situation seines Freundes gerecht wird, ihr Ausmaß und auch ihren Schrecken anerkennt und aus der düsteren Realität eine realistische Hoffnung vermittelt und wo keine mehr ist, darauf verzichtet, kann darauf vertrauen, dem Menschen, den er begleitet, eine Hilfe zu sein.

Die Erfahrung Leidgeprüfter lehrt dagegen immer wieder, daß sie noch in der Phase größter Verzweiflung häufig zu ihrem körperlichen Leid auch noch seelisches erfahren müssen. Das Leid entsteht, wenn Betroffene erfahren müssen, daß man ihre Not entweder gar nicht wahrnimmt oder sie mit Worten wohlgemeinten Trostes versehen wird, die nicht ankommen oder sogar kränkend wirken. Die Nachricht, an Krebs erkrankt zu sein, ist niederschmetternd. Für die Betroffenen, aber auch für ihre Angehörigen und Freunde. Jeder weiß sofort, daß diese Krankheit lebensbedrohlich ist und in so vielen Fällen tödlich endet. Einen schwerkranken Freund – oder dessen Lebenspartner – angesichts eines solchen Schicksalsschlages schlicht zu fragen: »Wie geht es dir?«, sollte eigentlich selbstverständlich sein. Ist es aber nicht. Die Reaktionen auf die schlimme Nachricht im Freundeskreis sind nicht selten weitaus abwegiger, als man es sich vorstellen würde.

Der Umgang mit der Krise des Freundes ist nicht einfach, es fällt schwer, die richtigen Worte zu finden. Und dennoch läßt ein wahrer Freund das nicht als Entschuldigung gelten: Freunde, die die schlimme Nachricht erreicht, zeigen ihre Betroffenheit und ihr Mitgefühl und bieten ihre Hilfe an. In solchen Ausnahmesituationen kommt es vielleicht sogar zu ganz unerwarteten Momenten, etwa wenn sich plötzlich einer oder eine meldet, von dem oder der man dies nicht erwartet hätte, weil man sich auseinandergelebt oder überworfen hat. Menschen, die jetzt die Größe haben, alte Empfindlichkeiten auf sich beruhen zu lassen, ihr Mitgefühl ausdrücken und fragen, wie aus Sicht des Kranken und seiner Angehörigen ihre Hilfe aussehen könnte – das freut die Betroffenen ungemein.

Aber es gibt eben auch andere, bei denen man Anteilnahme nur vermuten kann, sie aber nicht sieht. Menschen, die vielleicht ein bißchen ernster dreinschauen als sonst, dabei aber bald wieder so tun, als sei alles wie immer. Sie umschiffen auch künftig das leidige Thema, wo es nur geht. Sie ignorieren tatsächlich, was nicht zu übersehen ist, versuchen, gerade durch das Verplaudern von Alltäglichem so zu tun, als gebe es noch die alte Normalität, und drücken sich so um die besorgte Nachfrage. Ja selbst noch im direkten Angesicht der Krankheit wird weggeschaut. So sind Szenen wie jene durchaus realistisch, in der die Erkrankte zum ersten Mal während einer Chemotherapie ohne ein Haar auf dem Kopf ihrer Freundin gegenübertritt und diese tatsächlich in barer Hilflosigkeit und der Absicht, irgendwie von dem Grauen abzulenken, die Frage stellt: »Sag mal, sind die Ohrringe neu?« – und die Betroffene verdutzt entgegnet: »Nein, meine Liebe, aber die Frisur!« Fast ebenso unglaublich, aber auch das gibt es: Beim ersten Besuch des erkrankten Freundes fragt sein Gast nicht ein einziges Mal, wie es ihm geht, sondern bringt es vor lauter Wunsch nach Normalität sogar fertig, vor dem Leidenden eine Stunde lang die eigenen Alltagsprobleme auszubreiten.

Dann sind da die Freunde, die so verschreckt sind, daß sie nur für das eine erste und letzte Pflichttelefonat zum Hörer greifen und dann für immer abtauchen – aus dem Gefühl heraus, in diesem Haus anzurufen, das wird auf längere Zeit eine unangenehme Übung bleiben. Aber es kann sogar noch schlimmer kommen, denn es gibt sogar »Freunde«, die sich gar nie melden, nachdem sie die Nachricht von der ernsten Erkrankung vielleicht über Dritte erfahren haben. Sie werden später vielleicht einmal sagen: »Ich habe mich nicht getraut anzurufen!« oder: »Ich wollte nicht stören und zur Last fallen.« Wer sich so verhält, beruft sich zur eigenen Gewissensberuhigung gerne auf die eigene Hilflosigkeit oder bemüht sogar ganz und gar edle Motive wie das vornehmer Zurückhaltung. Man wolle dem Erkrankten die seelischen Schmerzen ersparen, die die Frage »Wie geht es dir?« als von außen aufgezwungene Konfrontation mit der schlimmen Krankheit auslösen würde, hört man manchmal auf Nachfrage. Aber ganz egal, was sich die Betreffenden dabei denken, in Wahrheit hat die vermeintliche Rücksichtnahme oder Verschonung nicht eine Spur Edelmütigkeit an sich. Sie ist nicht die Tugend, für die sie sich ausgibt, sondern nur ein besonders schwerer Fall von unterlassener Hilfeleistung unter Freunden. Sich angesichts der Not des Freundes aus angeblicher Rücksichtnahme aus dem Staub zu machen und in Schweigen zu hüllen, ist etwa so erbärmlich, wie bei einem schweren Verkehrsunfall auf der Autobahn im Schrittempo gaffend am Unfallort vorbeizufahren und die schwerverletzten Opfer mit der Bemerkung »Wir wollen nicht zur Last fallen!« sich selbst zu überlassen.

Es gibt sogar, was man sich nur schwer vorstellen kann, »Freunde«, die fast schon verärgert sind, wenn man ihr einwattiertes Leben durch solche Negativmeldungen von außen stört, und die es einem fast schon ein wenig übelnehmen, wenn man auch noch ein, zwei Wochen nach Bekanntwerden einer schweren Erkrankung, der Trennung von dem Lebenspartner oder anderen schweren Krisen oder Schicksalsschlägen noch nicht bereit ist, wieder zur Tagesordnung und zum üblichen Ulk zurückzukehren. So unglaublich es klingt, es stimmt tatsächlich: Manchmal sind Menschen sogar ein wenig verärgert darüber, daß durch die Krise eines Freundes, mit dem man früher noch allerlei Spaß haben konnte, sich jetzt einer notgedrungen entzieht. Mit der Krise endet auch für den Freund des Kranken oder Notleidenden die Bequemlichkeit, und er ist jetzt gefordert und weiß, daß er oder sie sich jetzt engagieren sollte. Dazu sind längst nicht alle bereit, die sich Freunde nennen. Ähnlich, wie man es gelegentlich bei kleinen Kindern schwer erkrankter Väter oder Mütter beobachten kann, reagieren manche von ihnen tatsächlich mit Enttäuschung und Aggression, weil der oder die Kranke nun als Spielkamerad ausfällt und die ganze Aufmerksamkeit auf sich zieht.

Aber selbst wenn jemand den wichtigen Schritt tut und sich mit der schweren Erkrankung des Freundes oder der Freundin auseinandersetzt, heißt das noch lange nicht, daß damit auch auf das Befinden des Betreffenden eingegangen würde. Um dem Vorwurf zu entgehen, sich um eine Anteilnahme zu drücken und gleichzeitig von der Krankheit oder Krise des Freundes ja nicht berührt zu werden, stürzen sich solche Mitmenschen als Ausweichmanöver in das medizinische oder sozialversicherungsrechtliche Fachgespräch, erörtern ausgiebig Tumorbeschaffenheit und unterschiedliche Therapieansätze – oder bei Arbeitslosigkeit neue Jobchancen und Umschulungsideen, aber nicht die Frage, welche inneren Auswirkungen das Problem für den einzelnen hat.

Oft haben tröstende Worte gar nicht so sehr den Sinn, jemandem in der Krise das Gefühl von Aufgehobenheit zu vermitteln, sondern gelten weit mehr denjenigen, die sich zum Trost aufgerufen fühlen, sich die Bedrohung, die von der Krise des Freundes ausgeht, selbst vom Leib zu halten. Denn mit der Nachricht von der lebensbedrohlichen Erkrankung eines unserer Nächsten rückt nicht nur dem Betroffenen, sondern uns selbst der Tod und das Sterben ein Stückchen näher. Bei aller Betroffenheit ist das Unglück des anderen immer auch für uns selbst unangenehm und bedrohlich. Es schnürt auch uns den Hals ab, wenn es den Freund oder sonstige nahe Angehörige getroffen hat. Viele wollen davor einfach nur ausweichen und tun dies, indem sie zu Phrasen Zuflucht nehmen.

So wird erst verständlich, daß der verbreitete Zweckoptimismus, der sich in den üblichen Trostbekundungen wie »Kopf hoch! Laß dich jetzt nicht hängen!«, »Halt die Ohren steif!« oder »In einem halben Jahr ist alles vorbei, und wir lachen darüber!« ausdrückt, nicht allein die Bereitschaft, sich einzufühlen, zum Ausdruck kommt, sondern vor allem die Abwehrreaktion derer, die von der Hiobsbotschaft erfahren haben. Sätze wie »Du schaffst das schon!« bei einer lebensbedrohenden Erkrankung hört man, als ginge es etwa um die bevorstehende Bewältigung des großen Latinums oder des Sportabzeichens. Der andere soll ja nicht zusammenbrechen, damit man selbst nicht zusammenbrechen muß. Viele haben selber entweder panische Angst davor, Gefühle wie Angst, Verlust oder Trauer in sich aufsteigen zu lassen, oder weit profaner, dazu einfach keine rechte Lust. Durch den befehlsartigen Aufruf an den Freund in der Krise, jetzt gefälligst »positiv zu denken«, versucht man das Schreckliche weniger von ihm als von sich selbst fernzuhalten. Man konstruiert ein *happy end* der Geschichte, auch wenn vieles dagegenspricht, und erspart sich dadurch die Mühe, wirklichen innerlichen Anteil zu nehmen.

Das Gegenteil der unterlassenen Hilfeleistung verkörpern auf der anderen Seite diejenigen, die plötzlich dreimal täglich anrufen und beleidigt sind, wenn der Freund oder die Freundin sich irgendwann ihrem Trost zu entziehen wagt. Menschen, die jetzt unverhofft die Chance wittern, ihr latentes Helfersyndrom abzureagieren, fühlen sich hierzu aus ganz anderen Motiven als der puren Hilfsbereitschaft berufen. Sie trösten vielleicht täglich mehrmals, weil ihnen sonst das Dach auf den Kopf fallen würde oder weil sie im Gegenüber nur eine vernachlässigte Seite von sich selber aufzurichten versuchen, ohne dies zu bemerken. Selbst Sensationslust kann ein Motiv zur Anteilnahme sein, weil sie wohliges Gruseln auslöst und damit eine willkommene Abwechslung im grauen Alltag armer Seelen bietet. Es gibt hier tatsächlich nichts, was es nicht gibt, und La Rochefoucauld hatte mehr als recht, als er beklagte: »Wir müßten uns unserer guten Taten schämen, wenn die Beweggründe ans Licht kämen.« Nicht immer, aber manchmal schon.

Einem Freund in einer Krise eine echte Hilfe zu sein, erfordert eigenes Einfühlen, ein emotionaler Aufwand, den Nichtbetroffene nur selten zu leisten bereit sind. Ob aus eigener Unfähigkeit oder schlicht der Weigerung, mit dem Freund mitzugehen. Wir tun uns schwer damit, einen Teil des Schmerzes des anderen auszuhalten. Je größer er ist, um so schwerer fällt es uns, denn um so höher wäre das eigene Engagement. Obwohl für eine Freundschaft gelten sollte, daß ein Freund einen Freund nie im Stich läßt, kommt die tatsächliche Qualität einer Freundschaft erst in der Krise zum Vorschein. Jetzt, wo sie gefordert ist, kann sie sich erweisen, nicht als was man sie im Alltag erlebt, als eine dem launischen Willen unterworfene Verbindung, die je nach Tagesform mal harmonischer, mal weniger rund abläuft. Jetzt kann eine Freundschaft ihre verborgenen Stärken zeigen. Jetzt kann sie sich als unbedingtes Schutz- und Hilfsbündnis erweisen oder eben nicht. Nicht nur einmal, sondern über die ganze Krise hinweg. Freundschaftliche Verbindlichkeit zeigt sich nun in Form von absoluter *Verläßlichkeit* oder schlicht darin, für den anderen nur dazusein.

Bester Trost kann es auch sein, dem Freund in der ärgsten Not vielleicht zum allerersten Mal zu sagen, wie sehr man um ihn bangt, ihm auszudrücken und es ihm auch zeigen, wie groß die Angst ist, ihn verlieren zu können, wie schlimm es wäre, wenn es ihn einmal nicht mehr geben würde, und wie viel er für einen selbst bedeutet. Dann erfährt der Betroffene ein ganz besonderes Glück, er empfindet ein tiefes Freundschaftsgefühl, und spürt auf einmal, wie viel es ist, was der andere von der eigenen Last auf seine Schultern nehmen kann.

Ein flämisches Sprichwort lautet sarkastisch: »Wahre Freunde verlassen dich erst, wenn es brenzlig wird«, und tatsächlich ist es manchmal so. Erst in der Not zeigt der Freund sein wahres Gesicht, es erweist sich, ob er wirklich Freund ist oder nicht. In der Not, das erleben Betroffene immer wieder, trennt sich die Spreu vom Weizen der wahren Freunde. Jetzt herrscht plötzlich die sonst so oft vermißte Klarheit über die Qualität unserer Beziehungen, die gerade die Freundschaft nicht so ohne weiteres offenbart. Vielleicht kann Freundschaft zwischen zwei Menschen daher erst in einer echten Lebenskrise ihre höchste Schönheit erreichen. Freunde, die eine solche Notlage durchschritten haben, werden fast immer Freunde fürs Leben sein. Die Krise wird sie für immer zusammenschmieden, wenn sie das Glück haben, sie zusammen durchgestanden, ja überlebt zu haben. Wohl erst und nur dann werden sie wissen, wie es ist, wenn man das ganze Glück einer Freundschaft gewonnen hat.

DIE KUNST DES DANKENS

Gesten zu geben, Zeichen zu setzen, gerade in der Not, ist eines. Sie zu würdigen ein zweites, ungemein wichtiges Talent für eine Freundschaft. So wie man ein Geschenk nicht nur richtig auswählen und es auch angemessen präsentieren können muß, ist die Gabe unerläßlich, demjenigen, der es mir übergibt, meine Freude, meinen Dank zu überbringen. Gerade wenn Bedeutsames geschehen ist, das in einem Geschenk, in einer Geste oder einem Freundschaftsdienst ausgedrückt wird, wenn einer oder eine mit dem Freund oder der Freundin ein langes, tiefes Tal durchschritten hat und nun wieder sonnige Tage aufgezogen sind. Soll das Freundesgefühl desjenigen, der mich mit einem Geschenk oder seiner Hilfe erfreut hat, nicht einfach verpuffen, muß ich es möglichst gekonnt entgegennehmen und zurückgeben. Das gelingt am besten, indem man zeigt, daß man das Geschenk in seiner vollen Bedeutung erkannt und anerkannt hat.

»Das wäre doch nicht nötig gewesen!« ist eine Antwort, die man sich verkneifen sollte. Ein Geschenk ist nie nötig. Und auch zu danken, will gelernt sein. Danken darf nie bedeuten: alles mit gleicher Münze zurückzuzahlen, um ja niemanden etwas schuldig zu bleiben. Die unheilvolle Lebensmaxime »Man sollte nie jemanden gegenüber zu Dank verpflichtet sein« führt oft dazu, daß Beschenkte meinen, sie müßten ein Geschenk in gleichem Umfang möglichst umgehend gratifizieren. Sie merken nicht, daß dem wahren Schenken unter Freunden ein Denken fremd ist, irgendwann wieder »quitt« zu sein. Mehr noch, die nur auf Ausgleich bedachte Revanche beleidigt eher den, der geschenkt hat, als daß es ihn erfreute.

Der Dank ist so wichtig wie das Geschenk oder die Freundesgeste selbst. Er drückt aus, daß der Beschenkte in der Lage ist, das Geschenk zu würdigen. Geschenke wie der Dank sind Gefühlsbekundungen: Die Gefühle, die der Schenkende gegenüber dem Beschenkten ausdrückt, erwidert der Beschenkte durch die Form seines Dankes. Erst in der Art, wie es ihm gedankt wird, erkennt jemand zuverlässig, ob und wie sein Geschenk ankam. Ein wahrhaft herzlicher Dank drückt wechselseitige Freundschaft aus. Dann merken wir, daß das schönste aller Freundesgeschenke die Freundschaft selbst ist, die zwei miteinander teilen.

Reifeprüfung

> *»Folge anstatt deines unnützen Geschreis meinen letzten Worten, welche sind, daß du dich je länger je mehr selbst erkennen sollest, und wenn du gleich so alt als Methusalem würdest, so laß solche Übung nicht aus dem Herzen, denn daß die meisten Menschen verdammt werden, ist die Ursach, daß sie nicht gewußt haben, was sie gewesen, und was sie werden können oder werden müssen.«*

HANS JAKOB CHRISTOFFEL VON GRIMMELSHAUSEN, EINSIEDEL ZU SIMPLICIUS

Die neue Freundschaft stellt andere Anforderungen an diejenigen, die sie teilen wollen, als eine Freundschaft in alter Zeit. Wo Individualität in einem hohen Grad ausgebildet und gleichzeitig die psychologische Intelligenz der einzelnen Mitspieler ungleich höher ist als früher einmal, können Freundschaften vielgestaltiger, tiefgehender und umfassender sein. Wer sich orientiert an dem, was heute möglich ist, wird bald merken, daß man für die neue Freundschaft mehr tun muß. Dafür kann sie uns auch weitaus mehr geben als zuvor, als man ihre Chancen noch nicht so umfassend zu nutzen verstand.

Die Früchte der Freundschaft sind süßer noch als in vergangenen Zeiten, aber sie hängen hoch, und wer sie ernten will, braucht eine bestimmte *Qualifikation*. Wahre Freundschaft ist etwas für Menschen, die etwas von Lebenskunst verstehen oder sie erlernen wollen. Um uns von bloßen Gefährten zu unterscheiden, die das Schicksal zusammengeführt hat, um einander mehr zu sein als nur Zweckverbündete in der Gefangenheit des Lebens, um diese Freundschaft letztlich zu gestalten, braucht es eine bestimmte Reife.

Aber deuten die Zeichen der Zeit nicht gerade in die umgekehrte Richtung? Persönliche Reife auszubilden, die zur Grundlage jeder Beziehungsreife wird, ist das heute nicht schwerer denn je? Einiges spricht dafür. Noch nie in der Geschichte der Menschheit zuvor dauerte der Lebensabschnitt, den man das frühe Erwachsenenalter nennt, so lange wie in unserer Epoche, noch nie zuvor hatte der Fetisch der ewigen Jugend eine Gesellschaft so fest im Griff wie heute. Die biologische Reife setzt unter Jugendlichen immer früher ein, doch das psychosoziale Moratorium bis hin zum reifen Erwachsenenalter erstreckt sich auf immer längere Zeiträume. Offenbar ist die Welt zu komplex geworden und zu anspruchsvoll die Aufgabe, die Kompetenzen auszubilden, die ein Leben in dieser Zeit erfordert.

Zäh wie Kaugummi kleben wir an Zuständen der Unfertigkeit, so verbissen, daß Zeitgeist-Interpreten das Phänomen mit dem Begriff »Jugendwahn« auf den Punkt zu bringen versuchen, wonach immer mehr versuchen, die eigene Jugend bis an die Grenze des Rentenalters zu verlängern. Der unreife Charakter, der mit seiner Selbstverwirklichung nicht zu Ende kommt, ist ein Repräsentant der individualistischen Epoche, in der die Menschen wie die Anfänger in den ersten Tanzstunden noch wenig Übung in den neuen Bewegungsformen haben. Ein Menschentyp prägt unsere Zeit, dem es ungemein schwerfällt, tragfähige Beziehungen zu knüpfen, nicht nur zu denen, die seine Lebenspartner, Väter oder Mütter seiner Kinder werden, sondern auch zu seinen Freunden.

Too old to rock 'n' Roll, too young to die

Die Entwicklung zum »Jugendwahn« als Ersatzreligion hat man wohl schon hundertmal der viel gescholtenen Bewußtseinsindustrie Hollywoods angehängt, ihrem Jugend- und Körperkult, gerne auch der bösen Popkultur oder einer anderen übermächtigen *ideology at work*, die uns manipuliert und fernsteuert. Das Problem ist aber vielschichtiger. Eine seiner wesentlichen Ursachen liegt einmal mehr in der zunehmenden Individualisierung unseres Lebens.

Es scheint, daß dieselbe Kraft, die uns einst von allen alten Zwängen befreit hat, uns immer häufiger im Stich läßt, wo es um die Bewältigung unseres modernen Lebens geht. Die gleiche wohlige Zwanglosigkeit, die wir bis heute hochleben lassen, scheint uns gleichzeitig daran zu hindern, zu voll entwickelten Persönlichkeiten zu werden. Hinter dem Schlagwort vom »Jugendwahn« verbirgt sich nicht weniger als eine Unfähigkeit zur Reife. Das Dilemma ist: Diese Entwicklung kommt dem Projekt der Freundschaft in die Quere. Unreife verhindert Freundschaft, denn nicht zu reifen bedeutet, nie erwachsene Freundschaften ausbilden zu können.

Es gibt unzählige Formen persönlichkeitspsychologischer Fehlentwicklung, die völlig unabhängig von irgendwelchen Zeitströmungen sind. Irritationen in der Entwicklung zur gefestigten Persönlichkeit gibt es zu allen Zeiten. Sie treten als Phänomene auf, die in Störungen oder Traumata in der frühen Kindheit begründet sind, in mangelnder Zuneigung und Geborgenheit, die im Heranwachsenden zu einem erschütterten Selbstwertgefühl, später zum Unvermögen führen, eine erwachsene Ich-Identität auszubilden und schließlich eine reife Partnerschaft einzugehen. Persönlichkeitsreife nicht zu erlangen ist die Spätfolge mangelnder Ausbildung von Autonomie. Doch heute sind ganz *neue Formen* persönlicher Unreife hinzugekommen. Sie drücken sich bei immer mehr Menschen in einer Art Ladehemmung zur Durchschreitung jener Entwicklungsräume aus, die jede Biografie irgendwann einmal absolviert haben müßte, soll man sie als gelungen bezeichnen.

Die traditionelle Gesellschaft beförderte den einzelnen noch ohne jede Rücksicht auf dessen eigenes Tempo in eine Welt, die allein den Rhythmus der biographischen Entwicklung vorgab. Diesen Rhythmus von Kindheit, Schule, Ausbildung, Beruf, Heirat, dann zwei, drei oder mehr Kinder, ab Mitte Fünfzig Oma oder Opa – es gibt ihn fast nur noch in alten Schulbüchern. Statt dessen hat die Möglichkeit zur individuellen Wahl unter vielen gleichberechtigten Lebensmodellen die alte Lebensrhythmik ausgehebelt und schließlich vollends ersetzt.

Wo man früher noch einem klaren vorgegebenen Lebensplan folgte, werden die Etappen einer Biographie heute zu Optionen unter eigener Regie. Je mehr wir uns aus den vorgefertigten Lebensmodellen der traditionellen Zeit, den sogenannten Institutionen wie Familie, Ehe, Stand und Beruf emanzipierten, je mehr unser Leben Verwirklichungsplänen folgt, deren Entwurf wir uns nun selbst zutrauen, desto größer sind unsere Chancen zu wahrer Selbstverwirklichung. Desto anspruchsvoller ist allerdings auch die Kunst des Gelingens geworden, desto größer auch die Schwierigkeit, tragfähige Lebenskonstruktionen zu verfertigen – und schließlich auch das Risiko, unter dem Druck dieser Aufgabe zu scheitern. Es sind ausgerechnet die unendlich großen Entscheidungsfreiheiten, die wir errungen haben, die uns das Leben so unheimlich schwermachen.

Die psychosoziale Stagnation, die eigentlich hinter dem Phänomen »Jugendwahn« steckt, ist nicht weniger als eine

Ausweichreaktion der überforderten Persönlichkeit im Zeitalter ihrer Selbstbestimmung. Im steten Willen, nur das Optimum für uns herausholen zu wollen, verstricken wir uns immer öfter im Entwicklungsstreß, verschieben Entscheidungen, vertagen sie auf später und richten uns bald in einem Provisorium ein, das sich aber schnell als Bumerang auf dem Weg zu einem wirklich freien Leben erweist. Im Wunsch nach dem besten Leben merken wir nicht, wie das Provisorium irgendwann zu unserem Schicksal wird, das dieses Leben geradezu verhindert.

Das Dilemma liegt darin, daß es statt des verlorenen äußeren Zwangs, keinen neuen zuverlässigen inneren Antrieb mehr gibt, der stark genug wäre, das lebensnotwendige Vorwärtsschreiten zu garantieren. Das hat damit zu tun, daß in Unreife zu verharren, nun selbst zum möglichen Lebensentwurf geworden ist. Reife selbst wird zu einer Angelegenheit der eigenen Entscheidung: So reif, wie ich sein will, bin ich. Plötzlich ist es möglich, an einer Weichen stellenden Lebensentscheidung zehn, fünfzehn Jahre herumzudoktern, sie im Bemühen, doch noch die optimale Lösung zu finden, immer wieder aufzuschieben, zu vertagen, neu zu durchdenken und dabei graue Haare zu bekommen.

Unreif ist eine Persönlichkeit, deren psychoemotionaler Entwicklungsstand hinter der biologischen Reifung zurückbleibt. Unreife ist Stehenbleiben auf der Lebensleiter. Sie zeigt sich im Unvermögen, der unbewußten Weigerung oder Unterlassung, eine dem eigenen Lebenszyklus entsprechende Ich-Identität und eine ihr entsprechende emotionale Kompetenz auszubilden. Die typische Ausprägung der Unreife ist die Unfähigkeit, in einem Stadium der Selbsterkenntnis anzukommen, in dem man eigenen Gefühlslagen realistisch auf den Grund gehen könnte. Mangels ausreichender Zugangsmöglichkeiten werden die eigenen negativen Gefühle statt dessen ignoriert und als Teil eigener Ich-Erkenntnis schlicht ausklammert. Der unreife Charakter zeigt sich im Extrem darin, daß er jede Liebe zum anderen der Selbstliebe unterwirft. Er zeichnet sich dadurch aus, daß er mit dem Ausbilden einer eigenen Persönlichkeit auch im Erwachsenenalter noch nicht abgeschlossen hat und auch nicht abschließen will.

Es ist der Fluch unserer Epoche, daß sie es unreifen Charakteren so schwermacht, das eigene Defizit überhaupt zu erkennen. Unreife Personen sind nicht nur aufgrund der mangelnden Fähigkeit zur realistischen Selbsteinschätzung weitgehend blind gegenüber dem eigenen Manko. Ausgerechnet ihr größtes Persönlichkeitsproblem, eben das unreife Leben, ist heute auch noch zum höchsten Gesellschaftsideal avanciert. In zweifachem Sinn: zum einen wird es nur zu oft mit dem »wahren Individualismus« verwechselt, und zum anderen sind seine Erscheinungsbilder Teil dessen, was man modisch nennt: Unreif ist cool.

Raus aus der Regression!

»Wir sollen heiter Raum um Raum durchschreiten. An keinem wie an einer Heimat hängen.« »Wenn das nur so einfach wäre!« entgegnet der Mensch des 21. Jahrhunderts seufzend. Hermann Hesses Lebensweisheit ist so aktuell wie nie und läßt sich sogar noch weiter fassen: Es ist besser, selber zu schreiten, als von inneren, unbekannten Kräften irgendwie und ohne Richtung geschoben zu werden. Wo ein Durchschreiten der Lebensräume nicht mehr via traditioneller Order geschieht, liegt es an uns selbst, immer wieder, wenn bestimmte Lebensabschnitte zu Ende gehen, Entscheidungen zu treffen. Der Schlüssel zur Lösung des Problems liegt also darin, die eigene Entscheidungsfähigkeit zu verbessern.

Das Durchschreiten von Lebensräumen ist viel anspruchsvoller geworden, seit wir selber die Richtung und das Tempo angeben. Deswegen ist ja gerade das Zurückschrecken vor der Entscheidung symptomatisch für eine Zeit, in der es für uns so schwierig wie nie zuvor ist, den richtigen Weg zu finden. Kein Wunder, daß wir dafür so viel Aufwand treiben und dabei doch nicht glücklich werden. Sich zu entscheiden bedeutet heute mehr denn je, eine Wahl zwischen zwei Entwürfen zu treffen, von denen der eine fast gleich viel wert zu sein scheint wie der andere. Wie Buridans Esel stehen wir unentschieden zwischen zwei attraktiven Möglichkeiten und verhungern fast dabei. Der Denkfehler ist nur: Das verbreitete Ausweichmanöver, das »Keine-Entscheidung-treffen«, ist eben auch eine Entscheidung. Aber fast immer ist das eine Entscheidung, die an der krisenhaften Stagnation nichts ändert und sie zum Dauerzustand werden läßt.

Eine solche Stagnation der persönlichen Entwicklung bedeutet, daß der Unreife vor allem in psychoemotionaler Hinsicht nicht voll zurechnungsfähig ist. Solange er sich nicht weiterentwickelt, wird seine Emotionalität zumindest in großen Teilen verschüttet bleiben, das Unerlebte und das Unausgelebte werden ihn bedrängen und verhindern, eine innerlich ausgeglichene Persönlichkeit zu werden. Was kurzfristig erleichternd erlebt wird, geht am Ende auf Kosten der Lebensqualität. Wer unreif bleibt, dem entgehen die Erfahrungen einer vollendeten Partnerschaft genauso wie das Glück einer erfüllten erwachsenen Freundschaft.

Es ist paradox: Im Wesen der Individualisierung liegt heute die einmalige Chance zu neuen, erfüllenden Freundschaften, aber zugleich auch ihr größtes Gefährdungspotenzial. Ein und dieselbe Bewegung befreit uns aus alten Zwängen, schafft den Freiraum, den Freundschaft braucht, und gibt uns die Instrumente an die Hand, mittels derer wir zu einer echten Freundschaft reif werden können. Aber noch bevor es dazu kommt, behindert uns die andere Seite desselben Prinzips. Es entfaltet sich jener Zug der Individualisierung, der aus Gründen einer enormen Wahlfreiheit der möglichen Lebensentscheidungen das Erlangen der Persönlichkeitsreife immer weiter hinauszögert, die eine wahre Freundschaft genauso braucht. Freundschaftsreif zu werden, ist angesichts solcher Hindernisse nicht einfach. Die psychologische Ausgangslage unserer neuen Selbstbestimmtheit drängt uns so wenig wie der Zeitgeist automatisch in diese Richtung.

Zum Glück gibt es auch ein paar Vorteile, die für uns sprechen und uns Mut machen sollten: zuerst unsere gewachsene emotionale Kompetenz. Der Gewinn dieser Kompetenz durch die Anwendung der Vernunft auf unser eigenes Inneres ist selbst Teil des weltgestaltenden Prozesses der Individualisierung. Für jede Beziehung wie auch für die Freundschaft bedeutet das wechselseitig: Durch unsere gewachsene Fähigkeit zum psychologischen Blick ist der *ganze* Mensch erreichbar geworden. Darin steckt für die neue Freundschaft die große Chance.

Zugegeben, »Reife« ist auch so ein schillernder Begriff. Man mag ihn eigentlich nicht so ohne weiteres ins Herz schließen. Für zu viele, völlig disparate Zwecke ist dieser Begriff schon herangezogen worden. Wem der Lehrerspruch »Werdet doch endlich mal erwachsen!« noch schmerzhaft in den Ohren klingt, weiß nur zu gut, wie willkürlich das Beschwören der Reife als pädagogische Allzweckwaffe einzusetzen ist, wenn es nur darum geht, andere dem eigenen Willen gefügig zu machen.

Aber trotz vielfachen Mißbrauchs kommt Freundschaft ohne diesen Begriff nicht aus. Nur muß klar sein, was individuelle Reife in diesem Zusammenhang genau bedeutet. Sicher nicht, mindestens 2.500 Euro netto zu verdienen, einen festen Golfpartner zu haben und sich am offenen Kamin eine Pfeife zu stopfen, bevor man sich dem Börsenteil der F.A.Z. zuwendet. Reif zu sein hat nicht notgedrungen etwas mit »alt« sein zu tun, nichts mit altmodisch, erst recht nicht mit altklug oder altbacken. Es bedeutet auch nicht, in Beziehungsformen des 19. Jahrhunderts zurückzukehren, etwa in jenem trüben Wasser der alten »Vernunftehe« herumzudümpeln, für die zur Lösung der Wirrsale unserer Epoche mittlerweile schon Redakteurinnen liberaler Wochenzeitungen plädieren glauben zu müssen. Reife bedeutet erst recht nicht, am Samstag aus dem Energie-Passivhaus in Suburbia herauszutreten, Ruwen und Zoë in den Minivan zu verfrachten, um alsbald im Kreise anderer vernünftig organisierter Kleinfamilien ein nettes, vernünftiges Wochenende im Europapark Rust zu verbringen. Reife und Romantik sind so wenig widersprüchlich wie Reife und Originalität.

Allgemeine Reife ist ein innerer Zustand relativer Erfahrenheit, die man früher Weisheit nannte und die der Mensch am Ende einer geglückten Persönlichkeitsentwicklung erreicht. Sie ist kein Lebensstil, sondern der entwicklungspsychologische Prozeß, den eine Persönlichkeit von der Geburt bis zum Tod durchläuft. Reife, die dem Erwachsenenalter entspricht, könnte man als ein Entwicklungsstadium beschreiben, in dem die geistigen, vor allem aber auch die emotionalen Möglichkeiten zur Bewältigung der grundsätzlichen Lebensprobleme voll ausgeprägt sind. Sie ist ein Zustand, in dem man gelernt hat, diese Möglichkeiten realistisch einzuschätzen, und außerdem ein Zugang zur eigenen Gefühlswelt gelingt, der die einzelnen in die Lage versetzt, eigene Stimmungen und Reaktionsweisen auf zugrunde liegende Gefühlsverfassun-

gen zu reflektieren. Außerdem gehört zu einem geglückten Verlauf der Persönlichkeitswerdung eine Ich-Identität,
die eine weitgehende Übereinstimmung von Selbst- und
Fremdbild erzielt hat.

Eine spezielle Freundschaftsreife umfaßt aber noch viel
mehr. Es ist dies eine durch und durch kommunikative
Reife – eine Fähigkeit zum gelungenen Dialog zwischen
zwei Persönlichkeiten. Freundschaft ist aktive Beziehungs-
pflege, und diese erfordert das Talent eines gelungenen
Brückenschlags zwischen zwei Personen. Das warme Gefühl und der starke Wille, auf dem jede Freundschaft
errichtet ist, verleihen allem Hin und Her den nötigen
Schwung, doch eine Garantie, daß damit allein schon die
erwünschte Harmonie erzielt wird, bieten sie nicht. Freundschaftliche Harmonie ist nicht nur an den Willen gekoppelt, sondern an das Vermögen, frühzeitig zu erkennen,
was sie stören könnte. Die erste Voraussetzung dazu ist die
Erlangung der allgemeinen individuellen Persönlichkeitsreife oder, um den Vergleich wieder zu bemühen: Nur wer
ein individuelles Ballgefühl entwickelt, wird einmal in der
Lage sein, sich mit anderen ein spannendes wie elegantes
Match zu liefern.

Sich selber Freund sein

Diese erste Voraussetzung dessen, was man Freundesreife
nennt, ist die allgemeine Reife, als Persönlichkeit eine
Einheit zu bilden. Von Erik Erikson stammt der Gedanke,
»daß es keine wahre Zweiheit gibt, bevor man nicht selber eine Einheit ist«. Der Satz bezieht sich auf eine
ideale Partnerschaft zwischen Mann und Frau, er läßt sich
jedoch ohne weiteres auch auf die Freundschaft anwenden. Freundschaft ist nichts für Leute, die nur um sich
kreisen, die immer nur mit sich selbst und der eigenen

Ich-Suche beschäftigt sind – und keinen Raum für andere haben.

Erst wer eine innere Einheit bildet und sich selbst bejaht, erfüllt die Voraussetzung zu einer Bindungskompetenz nach außen – zu all denen, mit denen man eine Freundschaft führen will. Der beste Garant, um dorthin zu gelangen, liegt dabei in einer selbst erfahrenen Sicherheit in den eigenen frühen Bindungen. Bindungsfähig wird, wer früh erlebt hat, selbst ein liebenswerter Mensch zu sein, wer Aufgehobenheit und Verlaß erfahren hat. Eine positive Spiegelung durch frühe Bezugspersonen mündet in ein stabiles Selbstwertgefühl und eine starke Persönlichkeit, die frei ist von Erschütterungen, die etwa Neid oder Eifersucht heraufbeschwören können.

Einem solchen Menschen, der ein gestilltes Ego in sich trägt, gelingt es leicht, auf einem festen Fundament Beziehungen zu knüpfen, in denen er keine fixe kontrollierende Position einnimmt, sondern in wechselndem Spiel sich einmal unterordnet und einmal anführt, dabei stets und ohne größere Anstrengung den Raum hat, sich auf den anderen einzulassen, sich einmal mehr zurücknehmend, sich einmal mehr in den Vordergrund schiebend, ganz so wie es bei einem mitreißenden Match auf hohem Niveau sein sollte. Die reife Persönlichkeit ist die Voraussetzung aller weiteren Versuche, mit anderen in eine freundschaftliche Beziehung zu treten. Man muß mit sich selbst befreundet sein, um Freund eines anderen zu werden. Umgekehrt ausgedrückt: Wenn ich mich schon selbst nicht leiden kann, warum sollte es dann ein anderer tun?

Erkenne dich selbst!

Ein positives Selbstwertgefühl ist die Grundlage aller Beziehungsfähigkeit – aber auch nur das. Beziehungsfähigkeit braucht neben einem starken Ich auch eine innere Kontrollinstanz, die das eigene Verhalten immer wieder überwacht. Wer ein guter Freund sein will, sollte vor allem in einer Disziplin geübt sein: in der Fähigkeit zur Selbstreflexion.

Selbstreflexion oder Selbsterkenntnis ist die Gabe zu wissen, warum wir geworden sind, was wir sind, sowie gleichzeitig der unermüdliche Versuch, dieses Wissen immer wieder auf den neuesten Stand zu bringen – im Grunde eine nie erschöpfende Aufgabe. Aber wer wenigstens einen großen Teil seiner inneren Eigenart erkennt, dürfte eine realistische Vorstellung davon haben, wo seine Stärken und wo seine problematischen Seiten liegen, warum er in bestimmten Situationen emotional reagiert, emotionaler vielleicht, als es die Umstände eigentlich erwarten ließen, und auch davon, wo er gänzlich blinde Flecken hat. Wer Zugang zu den verborgenen Motivationen seiner individuellen Verhaltens- und Reaktionsweisen hat, wer etwa, obwohl er getroffen ist, noch den Blick für den Ursprung von Kränkungen hat und erkennen kann, daß es nur selten die reine Gemeinheit des Freundes ist, die ihm da zusetzt, sondern vielmehr, daß der mit einer Allerweltsbemerkung nur einen wunden Punkt in ihm getroffen hat, wer dazu in der Lage ist, ist in der Disziplin, die man Introspektion nennt, schon weit fortgeschritten. Allein auch eine gelungene Innenschau ist noch keine Garantie für eine erfüllende Freundschaftsbeziehung.

Leider lehrt die Erfahrung immer wieder, daß all das, was jemand über sein seelisches Innenleben in Erfahrung bringt, nicht unbedingt dazu führt, sich auch nach außen, anderen gegenüber angemessen zu verhalten. Viele sind wahre Weltmeister in der Selbstanalyse, aber leider ohne daß die Allgemeinheit davon in irgendeiner Weise profitieren würde. Sie haben zwar eine Ahnung davon, warum sie immer so verbiestert, garstig oder unausgeglichen sind, latent aggressiv oder dauernd nervös, so wechselhaft launisch zwischen Euphorie und Depression, aber sie schaffen es deswegen noch lange nicht, diese Störungen im Umgang mit anderen abzustellen. Die nüchterne Erkenntnis des Zeitalters, daß die Psychologie popularisiert hat, lautet nicht etwa, daß wir aufgrund der neuerworbenen Selbsterkenntnis urplötzlich unseren Mitmenschen wahrhaft gerecht würden, sondern daß diese Selbsterkenntnis nur in wenigen Fällen automatisch auch in angebrachtes Verhalten oder in richtiges Handeln mündet. Es ist ganz und gar nicht damit getan, wie viele meinen, daß ich nur recht ehrlich in mich gehe und meine Vorsätze redlich sind: Gut gemeint ist einmal mehr nicht auch gut getan. Die guten Absichten garantieren keineswegs schon das richtige Verhalten – auch nicht gegenüber dem Freund, sondern sind eine strapazierbare Größe, die, selbst wenn sie vorherrschten, nicht allein Segen bringen.

Gerade Störungen und Konflikte unter Freunden, wie allgemein unter Menschen, gibt es nur in den seltensten Fällen, weil plötzlich Gutmeinende auf Bösmeinende treffen. Es gibt sie, weil wohl fast alles gut gemeint ist, es aber deswegen nicht richtig ist. Es ist wie beim Freundschaftsgeschenk: Wie etwas ankommt beim anderen, ob er verletzt oder beglückt ist über das, was ich über ihn bringe, das ist es, was über das Verdienst einer Handlung oder Verhaltensweise entscheidet und nicht, ob es gut gemeint war. Die Kunst, ein guter Freund zu sein, verlagert sich also von den guten Absichten dahin, was auf die Absicht folgt: in die Wirkungsweise all unseres Redens und Tuns.

WIE WIRKE ICH AUF ANDERE?

Um nicht nur in den edlen Ideen ein wahrer Freund zu sein, sondern ebenso in unmittelbarer Tat und Praxis, muß die Fähigkeit hinzukommen, eine zweite Sichtweise auf sich selbst zu beherrschen, ein Blick, der sich nicht nach innen richtet, sondern wie von außen kommt. So als ob wir in einen imaginären Spiegel blicken würden und uns aus der Perspektive des anderen, des Freundes gleichsam wahrnähmen: in all unserem Verhalten, in den schönen Zügen, aber genauso in den häufig von uns weniger bemerkten Wunderlichkeiten und Absonderlichkeiten. Wir sind nicht nur der, der wir glauben zu sein, sondern genauso, wie wir in der Wahrnehmung der anderen erscheinen. Beides gehört zusammen. Nur im Vergleich beider Sichten gelangt der reife Mensch zu einer halbwegs realistischen Annäherung an das, was er tatsächlich selber ist.

Der Vergleich von Selbstbild und Fremdbild hilft uns vor allem in den vielen Fällen, in denen wir beide nicht recht in Einklang bringen. Er hilft uns etwa, wo wir uns als kreativer Witzbold empfinden, uns andere aber als verletzenden Zyniker erleben, wo wir uns als mitreißenden Entertainer sehen, aber nur als Nervensäge ankommen, wo wir meinen, philosophisch gelassen zu sein, und doch nur phlegmatisch wirken. Aber jener Vergleich kann natürlich auch zu unseren Gunsten ausgehen: etwa wo wir meinen, grob gewesen zu sein, und nur herzhaft ankamen, wo uns das eigene Verhalten hemmungslos und peinlich ist, dabei jedoch als höchst herzerfrischend offen empfunden wurde, oder ein von uns selbst fest angenommener Mangel an klarer Sicht von den anderen als liebenswerte Romantik aufgefaßt wird. Selbsterkenntnis bedeutet, die Gabe zur Wahrnehmung beider Sichtweisen zu haben, und genauso, die Urteilskraft zu entscheiden, wo zwischen diesen beiden zumeist unterschiedlichen Interpretationsergebnissen unserer wirkenden Persönlichkeit die Wahrheit liegt.

Die Neigung zum periodischen Vergleich von Selbst- und Fremdbild der eigenen Person ist keinesfalls ein Zeichen ewigen Selbstzweifels oder nur Hinweis auf eine schwache Persönlichkeit. Es sind vielmehr die starken Persönlichkeiten, die den Selbstversuch einer solchen eigenen Verunsicherung nicht scheuen, weil sie belastbar genug sind, und nicht fürchten, daß sie die Ergebnisse erschüttern könnten. Solche Menschen ängstigt es keineswegs, sich einmal zurückzulehnen und für ein paar Minuten in Frage zu stellen. Sie folgen darin nur einer gänzlich furchtlosen Neugierde und dem Wunsch, sich als Person immer wieder zu revidieren und vielleicht auch menschlich zu verbessern. Gerade rein emotionale Spannungen, die Verhaltensweisen entspringen, die andere an uns befremden, die wir aber sonst nie bemerkt hätten, werden mittels dieser Technik entstört. Dazu förderlich ist es, auch unter Freunden solche Verdachtsmomente ruhig einmal auszusprechen. Je mehr einer seinem Freund Selbsterkenntnisse mit dem Ziel mitteilt, dieser möge überprüfen, ob sie denn zuträfen, je mehr einer dies tut – freilich ohne die Absicht, nur nach Komplimenten zu fischen, wenn dieser ihn widerlegt –, desto schneller lassen sich aufziehende Konflikte entschärfen.

Gelingt die Übung einer Selbstreflexion, die sowohl Introspektion als auch Fremdbild berücksichtigt, gelingt es bald auch, den Freund zu erkennen. Wer das Instrumentarium der Selbsterkenntnis beherrscht, kann es auch zum Verständnis des anderen anwenden. Jetzt erst hat man beste Voraussetzungen, auch die Empfindungen des anderen wahrzunehmen und damit erfolgreich zu bekämpfen, was so oft geschieht: daß wir den anderen nur unseren

eigenen Vorstellungen anpassen, ihn zum Träger unserer
Projektionen machen und ihn so als einen Menschen behandeln, der er oder sie gar nicht ist.

Aufmerksam und geistesgegenwärtig

Eine Freundschaft gedeiht jedoch erst wirklich, wenn die
Beteiligten es schaffen, sich gelegentlich nicht nur die
Sichtweise des anderen zu eigen zu machen, sondern sich
auch in seine Gefühlswelt *hineinzuversetzen*. Dies beginnt
schon in einer zarten Vorform durch die Fähigkeit zur
gegenseitig gewährten Aufmerksamkeit. Sie bezeichnet
das Vermögen, in bestimmten Situationen die Stimmungen und Verstimmungen, Wünsche und Erwartungen des
Freundes wahrzunehmen und geistesgegenwärtig darauf
einzugehen. Dazu ist es nötig, sich selbst immer einmal
wieder zurückzunehmen, dem anderen Raum zu geben,
die Ohren zu spitzen und eine grundsätzliche Wachsam-
keit an den Tag zu legen.

Das Gegenteil davon ist Unbedachtheit oder Gedankenlosigkeit, Sorglosigkeit und Vergeßlichkeit. Allesamt
sind unter Freunden viel mehr als nur verzeihliche menschliche Fehler, sondern Untugenden sondersgleichen, die
einer Freundschaft auf Dauer Schaden zufügen können,
und dies in viel größerem Maß, als man denken mag. Aus
Versehen den Tag einer schweren Operation des Freundes
zu verpassen und zu versäumen, ihm vorab alles Gute zu
wünschen, dafür ihn aber ausgerechnet am selben Tag
per E-Mail daran zu erinnern, daß man die geliehenen
200 Euro wiederhaben möchte, zeugt von einer Acht-
losigkeit, die deswegen unentschuldbar ist, weil sie Züge
barer Gleichgültigkeit trägt. Nicht zu bemerken, wenn
einer oder eine heute nicht in der rechten Stimmung ist,
ja wegen irgendeines Schicksalsdrucks trauert und ihn oder

sie dessen völlig ungeachtet in üblicher Manier zu veralbern, wo doch Verständnis und Mitgefühl gefordert wären, auch das ist kein schöner Zug, sondern ein weiteres Zeichen einer bedenklichen Unsensibilität. Vollends ihn oder sie mit eigenen Petitessen zu überschütten, dabei jedoch das viel größere Problem des Freundes oder der Freundin zu übersehen oder auch wichtige Anlässe beim Freund wie Geburten, Todesfälle, Preisverleihungen oder Jubiläen vollkommen zu verschwitzen – solche Unkonzentriertheiten zeugen von einem unverzeihlichen Schlendrian in Dingen der Freundschaftspflege. Dazu gehört selbstverständlich auch der Geburtstag, der keinesfalls nur als Formalie zu behandeln ist. Der Glückwunsch an und zu diesem Tag ist keineswegs nur eine Sache des Anstands, sondern seltener Anlaß, dem Freund die eigene Aufmerksamkeit unter Beweis zu stellen und sich somit einmal mehr für diese Freundschaft zu empfehlen.

Aufmerksam gegenüber anderen ist man nicht automatisch. Aufmerksamkeit ist auch keine Sache des Charakters, wie sich manche herausreden – so wie etwa der Ordnungssinn –, dem einen gegeben, dem anderen nicht: Sie hat, wie etwa auch die Pünktlichkeit, mit der Bereitschaft zu tun, aus der gegenseitigen Gleichgültigkeit herauszutreten und für die Freundschaft einen gewissen Aufwand zu erbringen, den man der eigenen Schludrigkeit abringen muß. So wie jede Konzentration auf ein Ziel hin gehört zu ihr eine Anstrengung, die man erst einmal mobilisieren muß. Es ist letztlich dieses zugrunde liegende Bemühen um den Anderen, welches den Wert anzeigt, den einer grundsätzlich seiner Freundschaft einräumt.

Einfühlungsvermögen und Herzensbildung

Eine Freundschaft wird um so tiefgehender sein, je erschlossener und zugänglicher die eigene ebenso wie die Gefühlswelt des Freundes ist, aber auch je empfindsamer und je empfänglicher beider Gemüt für Stimmungen und Gefühlslagen ist. Allerdings ist es mit der Empfindsamkeit allein noch nicht getan. Wer bei *Titanic* ins Papiertaschentuch heult, zeigt sicher eine Gemütsäußerung, die nur mit einer gewissen Empfindsamkeit zu erklären ist, aber deswegen ist er nicht gleich dazu befähigt, sich in einen anderen Menschen gefühlsmäßig hineinzuversetzen. Gefühlsduseligkeit ist eines, über emotionale Intelligenz zu verfügen das andere.

Empfindsamkeit allein reicht nicht aus, um eine Freundschaft am Leben zu halten, wenn mit ihr das emotionale Stadium eines Kleinkindes einhergeht. Freundschaft ist vielmehr gekoppelt an etwas, was man früher einmal Herzensbildung nannte. Herzensbildung, emotionale Intelligenz oder auch Empathie, alle drei bezeichnen Erfahrenheit und Handlungskompetenz in den Dingen des menschlichen Gefühls. Gemeint ist die Fähigkeit, sich in den anderen einzufühlen, seine Gefühle zu lesen und zu wissen, wie man ihm oder ihr in einer bestimmten Situation angemessen begegnet. Herzensbildung setzt eine ausgeprägte soziale Beobachtungsgabe voraus, die in ein Gespür mündet, zuverlässig zu wissen, wo der andere steht und wie es um sein Gemüt bestellt ist. Beides zusammen gewährt erst, daß ich den, den ich mir zum Freund erwählt habe, auch in der ganzen Tiefe seiner Persönlichkeit wahrnehme, ihn richtig verstehe und auf ihn eingehen kann.

Herzensbildung braucht Erfahrung. Durch vielerlei Lebenserfahrungen und -krisen lernt man vor allem in

Dingen des Gefühls, vorausgesetzt, man geht ihnen nicht aus dem Weg. Wem solche Primärerfahrungen abgehen, wer nie geliebt hat oder getrauert, wer nie eine Krise durchlebt hat, weil er sie nicht zugelassen oder sich ihr nicht gestellt hat, dem wird es an Verständnis für die Nöte und Verunsicherungen des anderen fehlen, tragischerweise im gleichen Maß, wie er sich selbst nie näherkommt.

Reifedefizite führen zum Konflikt

Freundschaften als reine Willensgemeinschaften eignen sich nicht besonders gut für das konstruktive Austragen von Konflikten. Der Unmut, den Verstimmungen erzeugen, mündet nur allzu häufig in den unwiderrufbaren Rückzug aus der Beziehung. Das ist der Preis des fehlenden äußeren Zwangs, man kann auch sagen: der Preis der Freiheit, auf der Freundschaft errichtet ist. In einer Freundschaft kommt es um so mehr darauf an, Konflikte bereits in ihren ersten harmlosen Regungen zu entschärfen.

Die besten Voraussetzungen hierzu hat, wer die Intelligenz zum Perspektivenwechsel mitbringt und gelegentlich von ihr Gebrauch macht. Auch wo Herzensbildung und Reflexionsvermögen über das eigene Verhalten und das gegenseitige Zusammenspiel bestehen, sind Konflikte im Frühstadium aufzuhalten. Man läßt es nicht zum Countdown kommen, sondern erkennt, daß und wo Aggressionen ihren Ursprung haben – meist in weiter zurückliegenden Ereignissen und tiefer liegenden Schichten der eigenen Psyche. Eine geglückte Selbstreflexion verhütet auch ein Zweites: Wenn Aggressionen oder Frustrationen in ihrem wahren Ursprung erkannt werden, kann sich der einzelne noch davor schützen, eine Freundschaft zu zerstören. Wenn mir mein emotionales Frühwarnsystem noch während aufsteigenden Grolls anzeigt, daß ich schon bald soweit sein werde, meinen Freund zu morden, ihn aus tiefer liegenden Kränkungen ganz anderer Herkunft verbal eine reinzuhauen, obwohl ich ihn doch mag, dann kann ich noch verhindern zu tun, was mir wirklich schadet – nämlich gegen mein eigenes Grundgefühl zu handeln. Habe ich dies alles nicht gelernt, bleibt mir nur, den Freund meinen unausgegorenen inneren Regungen zu opfern. Am Ende bin ich möglicherweise um einen lieben Menschen ärmer.

Das Talent zum Perspektivenwechsel oder zur »exzentrischen Positionalität« ist in jeder menschlichen Beziehungsform gefordert. Aber nirgendwo ist es unverzichtbarer als in einer Freundschaft. In einer Freundschaft hängt davon nicht weniger als das Überleben der Beziehung überhaupt ab. Wer nicht wirklich in der Lage ist, sein eigenes Verhalten selbstkritisch zu hinterfragen und auch einmal probeweise den Standpunkt des anderen einzunehmen, wird in allem, was er tut, nur von einem blinden Willen getrieben bleiben, der im Kern eine vollkommen ziellose Kraft ist und in einer Freundschaft nicht notwendig zu moralisch höchst Verdienstvollem führt. Gerade mit Freundschaftsanwärtern ohne größere emotionale Intelligenz kommt es deshalb so häufig zu Störungen, weil diese in bestimmten Momenten nicht mehr bereit sind, zwei verschiedene, gegensätzliche Sichtweisen in zwischenmenschlichen Kommunikationsproblemen als möglich anzuerkennen. Ohne die Fähigkeit zur zweiten Sicht können sie schlechterdings nicht anders, als nur den einseitigen Blick zu aktivieren. In voller Überzeugung, alles gut gemeint zu haben, kommen sie in der Beurteilung der Geschehnisse durchweg zu dem Schluß, auch alles richtig gemacht zu haben. Die Sichtweise des anderen wird als falsch beurteilt, als unvernünftig empfunden, als vorschnell gefaßt, vollends auf Fehlschlüssen beruhend abgetan. Ja, solche Einäugigen schrecken auch nicht vor dem sittlich-moralischen Urteil zurück, wonach das eigene Verhalten anstandslos korrekt, das des anderen hingegen unsauber und letztlich verwerflich sei. Aufgrund ihrer beschränkten Möglichkeiten bleibt ihnen oft nur, das Verhalten des Freundes, mit dem man jetzt über Kreuz liegt, auch später noch kopfschüttelnd als unmöglich zu deuten, wohingegen der eigene Anteil an einem Problem gänzlich unberücksichtigt bleiben muß.

Dem Dilemma, daß es über solche Meinungen überhaupt zum verbissenen Streit und nicht zur freudigen Diskussion kommt, ist nur zu entgehen, indem man erkennen lernt, daß es in solchen Fällen in tieferen Schichten, eben in den tausend Kellern unserer Persönlichkeit, unterhalb der uns bewußten Ebene, kräftig gärt. Wir merken es nur allzu oft gar nicht oder haben keinen Zugang zu der Einsicht, daß so oft niemand anderes als das gekränkte Ego wild um sich schlägt, noch den haltlosesten Gesichtspunkt verteidigt, nur um sich Satisfaktion zu tun – aber nicht das unternimmt, was einer angemessenen Konfliktlösung wahrhaft gerecht würde.

Dauerbaustelle Freundschaft

Wer über genug Herzensbildung verfügt und wem es gelingt, den eigenen Willen zur Freundschaft frisch zu halten, der wird voraussichtlich auch in der vielleicht schwierigsten Übung der Freundschaftspflege eine gewisse Könnerschaft beweisen: die Dynamik dieser spezifischen Beziehungsform anzuerkennen und mit den steten Veränderungen in ihrem Gefüge klarzukommen. Freundschaft ist in diesem Sinne eine Dauerbaustelle und in unaufhörlicher Bewegung. Nicht nur, daß es in ihr beständig auf und ab geht, sondern auch die Art, die uns verbindet, wechselt unaufhörlich die Färbung. Ein bestimmtes Verhalten, Äußerungen oder Zeichen, die gestern noch passend waren, sind es vielleicht schon heute nicht mehr. Freundschaft ist dynamisch, so dynamisch wie die persönliche Entwicklung derer ist, die sie einmal geschlossen haben. Wer die hohe Qualität einer Freundschaft bewahren möchte, muß daher bereit und willens sein, den anderen immer wieder neu kennenzulernen. Zu schaffen macht uns dabei die schädliche Denkgewohnheit, daß wir nur allzuoft Veränderungen nicht als Chance, sondern als Gefahr begreifen.

Den Stillstand einer Freundschaft zu favorisieren, in ihr immer nur die guten alten Zeiten zu beschwören, aber die Gegenwart auszublenden, ist keine gute Idee. Es bedeutet nicht weniger, als mit der Zeit immer größer werdende Teile der beteiligten Persönlichkeiten auszuklammern. Damit wird verhindert, was doch für das Gelingen eines wirklich guten gegenseitigen Verständnisses unerläßlich ist, nämlich nicht nur gestern, sondern auch heute und morgen noch die Persönlichkeit des Freundes insgesamt zu erreichen und nicht nur ein, zwei oder drei Seiten seines Wesens, die uns besonders genehm sind und es immer schon waren.

Ein Mensch, der ein Freund oder eine Freundin sein will, sich aber weigert, auf persönliche Veränderungen seines Gegenübers einzugehen, der neu hinzugekommene Seiten seiner persönlichen Entwicklungsgeschichte einfach nur tabuisiert oder sie nicht wahrhaben will, auch wenn sie unmittelbar an den Kern dieser Persönlichkeit heranreichen sollten – der ist auf Dauer kein guter Freund, keine gute Freundin. Etwa mit einem zusammenzusein, der sich als Künstler versteht, ohne mit ihm jemals über seine Kunst gesprochen zu haben, auszublenden, womit sich einer zu großen Teilen identifiziert und statt dessen zäh an jenem Bild festzuhalten, welches man sich von jenem in grauer Vorzeit für alle Ewigkeit zurechtgebogen hat, das geht auf Dauer nicht gut. Zu groß sind bald die Anteile, die vermieden und unterdrückt werden, und zu sehr flüchtet man sich in Welten, die keiner Wirklichkeit mehr entsprechen.

Gerade nach Lebenskrisen, wenn Freunde in neue Lebensphasen eintreten, wie in Ausbildung, Beruf oder Elternschaft, oder auch wenn neue Lebenspartner an ihre Seite treten und ein Kapitel auf ihrem Lebensweg zu Ende geht, verändern sich oft diejenigen, denen wir uns freundschaftlich verbunden fühlen. Wir neigen anfangs fast immer dazu, solche Veränderungen nicht unbedingt zu begrüßen, sondern sie eher mißtrauisch zu beäugen, ja unumwunden negativ zu bewerten. Wir schreiben die vermeintlich nachteiligen Veränderungen dann nur allzu vorschnell dem schlechten Einfluß der neuen Lebensumstände des alten Freundes oder der alten Freundin zu – oder gar dem neuen Lebenspartner, unter dessen Pantoffel er oder sie nun leider stünde. Wir verweigern uns aber oft der Einsicht, daß es gar nicht die neue Situation oder der neue Partner ist, die den Freund oder die Freundin verändert haben, sondern dieser oder diese aus eigenem Antrieb eine Persönlichkeitsveränderung an sich selbst vollzogen hat, weil er oder sie diese für sich für richtig und angemessen hielt.

Der Vorwurf derer, denen eine Veränderung ihres Freundes oder ihrer Freundin sauer aufstößt und die diese nicht nachvollziehen wollen, lautet oft, daß sich der oder die Betreffende »nicht treu geblieben« sei. Er entlarvt sich bei genauem Betrachten jedoch meist nur als Ausdruck einer mangelnden Bereitschaft, sich neu auf diese Person einzustellen. Hinter solch ablehnendem Verhalten steckt in aller Regel nur die Angst, einen zu verlieren, den man in seiner individuellen Art so und nicht anders haben möchte. Geradezu paradetypisch für das Problem mangelnder Akzeptanz persönlicher Veränderungen unter Freunden ist es, wenn einer die große Liebe seines Lebens entdeckt hat und der Tag gekommen ist, sie dem erlesenen Zirkel der alten Freunde vorzustellen. Dann ist es alles andere als der Regelfall, daß die alten Freunde die neuen Lebenspartner mit offenen Armen willkommen heißen würden.

Der kritische Freund, der die neue Liebe genau unter die Lupe nimmt, ist die gängige Erscheinung in Freundschaften. Freunde sind so etwas wie der TÜV der richtigen Partnerwahl, und wer vor ihnen besteht, kann durchatmen wie nach einer schweren Prüfung. Dieselbe Situation ist aber nicht nur eine Bewährungsprobe für die charakterliche Zurechnungsfähigkeit dessen, der da im siebten Himmel schwebt. Sie ist auch ein Eignungstest für wahre Freunde, in der diese ihre Fähigkeit beweisen, Veränderungen zu akzeptieren, tolerant und offen gegenüber dem Freund zu sein, der nun ein anderer ist, und gegenüber jenem neuen Menschen, der an seiner Seite nun auch in ihrem Leben eine gewisse Rolle zu spielen beginnt.

Vor allem wenn es sich bei dem neuen Lebenspartner an der Seite des Freundes um einen selbstbewußten und unerschrockenen Menschen handelt, der nicht auf den Kopf gefallen ist und auch einmal eine widersprechende Meinung vertritt, tun sich Freunde schwer, sie oder ihn vorbehaltlos einzugemeinden. Wenn er oder sie darüber hinaus auch noch unverschämt gut aussieht, fällt es vielen noch schwerer, eine solche Person warmherzig aufzunehmen. Statt dessen reagieren viele (vor allem Männer bei den neuen Lebenspartnerinnen ihrer Freunde) dadurch, daß sie meinen, ihr Revier verteidigen zu müssen, auch wenn es ihnen gar keiner streitig macht. Man läßt die

Neue oder den Neuen zappeln, hält sich mit der eigenen Aufmerksamkeit zurück oder, noch schlimmer, mißachtet sie oder ihn unumwunden oder drückt sie oder ihn vollends an den Rand. Man käme viel besser mit unauffälligen Typen zurecht, die schmucklos, sittsam und bescheiden aufträten, sich dezent im Hintergrund hielten und von vornherein anzeigten, daß sie in die alten Gruppengefüge ja keine Unordnung bringen, sondern sich nur geräuschlos eingliedern wollen, ohne jemanden vor den Kopf zu stoßen.

Nichts sagt mehr aus über die alten Freunde, als ihr Verhalten in solchen Momenten. Nichts spricht mehr für sie, wenn sie herzliches Willkommen signalisieren und alles dafür tun, sich von ihrer besten Seite zu präsentieren. Aber nichts ist auch ein deutlicherer Offenbarungseid von Freundschaften, wenn die Betreffenden beim ersten Vorstellen der neuen Liebe des Freundes oder der Freundin entweder mit reiner Gleichgültigkeit oder bewußter Abweisung reagieren und der oder dem »Neuen« keine Chance geben, ganz egal, wie sehr diese oder dieser sich auch bemüht, sich als liebenswürdig zu erweisen. Ganz allgemein gilt: Menschen, die Neuzugängen im Umfeld eines Freundes, aus welchen Beweggründen auch immer, keine Chance geben, sich weigern, sie zu akzeptieren und schließlich zu integrieren, sind keine Freunde, sondern ungehobelt im Verhalten, kleinmütige und stumpfe Naturen. In ihrem verweigernden Verhalten legen sie nicht allein ihren Mangel an sozialer Intelligenz an den Tag, sondern, viel schlimmer, eine unverzeihliche Trägheit oder ihren kindischen Trotz, nicht einmal dann ein kleines Opfer für den Freund zu erbringen, wenn er oder sie auf sie angewiesen ist.

Wer den Freund am besten ein Leben lang so unverändert behalten will, wie er ihn mit siebzehn einmal kennengelernt hat, tut sich keinen Gefallen. Auch der Freund sollte ihm diesen Dienst nicht erweisen, in seinem eigenen Interesse nicht und auch nicht im Interesse der gemeinsamen Freundschaft. Denn die Dynamik einer Freundesbeziehung ist nicht, wie es scheint, nur eine Belastung, noch weniger eine unaufhörliche Gefährdung der Verbindung, sondern vielmehr eine Herausforderung, ja eine Chance, eine existierende gute Beziehung noch lebendiger zu machen, als sie es vielleicht ohnehin ist, indem man gemeinsam immer wieder in unbekannte Regionen vorstößt, sich selbst und die Freundschaft neu erlebt.

Ein wahrer Freund hat die Gabe und den Willen, Veränderungen, die er bei dem beobachtet, den er schätzt, unvoreingenommen zu begegnen, ja sie sogar zu begrüßen, so wie er dieses auch im umgekehrten Fall erwarten würde. Das bedeutet aber nicht, daß er nur teilnahmslos zusieht, wenn die Persönlichkeitsentwicklungen des Freundes und die eigene eines Tages völlig unterschiedliche Richtungen einschlügen und dadurch plötzlich die Freundschaft leiden würde. Er wird vielmehr versuchen, um den anderen zu ringen, neue Wege zu suchen und sich bemühen, ein neues Verständnis zu gewinnen. Wenn er dazu bereit ist, kann der andere sich glücklich schätzen, einen wahrhaft verbindlichen Menschen seinen Freund nennen zu dürfen, der seine Gefolgschaft nicht nur davon abhängig macht, inwiefern der andere in seine Weltanschauung und seinen Lebensstil paßt, sondern die Person des Freundes so grundsätzlich bejaht, daß es für ihn gar keine Frage ist, sich auf seine Persönlichkeitsveränderung einzustellen.

Es ist sicher nicht wenig, von Freunden zu erwarten, daß sie auf all unseren neuen Wegen mitziehen sollen. Es ist nicht wenig verlangt, darauf zu vertrauen, daß sie uns auf diesen Wegen folgen werden und auch erkennen, daß ihr Freund, den sie bisher in seiner altbewährten Art so geschätzt haben, sich mit gutem Grund verändert, wenn er oder sie es denn tut. Denn um den Altbekannten im neuen Gewand schätzen zu können, muß sich auch der Freund bewegen, er wird Gewohnheiten über Bord werfen müssen und seinen ganzen Willen aufbieten, die Entwicklung wohlwollend zu begleiten.

Viel einfacher und daher verbreiteter ist es, auf die Veränderung des Freundes wie eingeschnappt zu reagieren, so als habe der mit diesem Schritt den alten Vertrauten fast ein bißchen persönlich beleidigt. In solchem Verhalten kommt zum Ausdruck, daß man dem anderen im Grunde keine Autonomie zubilligt. Das ist kein gutes Zeugnis für eine Beziehung, die eine gute Freundschaft sein will. Ein Zeichen von Reife dagegen ist es, dem anderen zuzugestehen, was wir auch für uns beanspruchen: daß sich ein Mensch entwickelt. Ja, wir sollten uns darüber freuen und uns nicht beleidigt vom Acker machen, denn Veränderung ist viel öfter Reife als Rückschritt.

Andererseits ist keine Freundschaft von absoluter Heiligkeit, so daß irgendein Sinn darin bestünde, jede Entwicklung um jeden Preis mitzumachen. Freunde stehen nicht grundsätzlich unter Artenschutz, und auf allen Wegen blinde Gefolgschaft zu leisten wäre kein guter Rat. Wo alte verbindende Ideale aufgekündigt werden und sich im Lauf der Zeit Meinungsverschiedenheiten auftun, die zwischen zwei ehemals Gleichgesinnten unüberbrückbare Gräben aufreißen, gibt es keinen ersichtlichen Grund mehr, am anderen weiter festzuhalten. Wo ganze Lebenseinstellungen und Menschenbilder zweier alter Freunde nicht mehr in Einklang zu bringen sind oder wo einer ein ganz anderes Leben führen will, besteht keine Notwendigkeit, ihm auf Schritt und Tritt zu folgen. Auch unter

Freunden hat Toleranz ihre Grenzen – und Treue sowieso.
Wo einer meint, sich zu einem Fatzke entwickeln zu müssen, der mit 300 PS unter der Haube und dem Playboy-Bunny-Aufkleber hinten drauf neuerdings wie einst Aristoteles Onassis im Schrittempo durchs Viertel rollt, dem sollte man nicht im Weg stehen. Bedenkliche Charakterentwicklungen muß man so wenig mittragen wie Sektenmitgliedschaften, Anwandlungen zu körperlicher Gewalt oder den Eintritt in extreme Parteien. Statt dessen sollten wir versuchen, den Freund in guter Erinnerung zu behalten. Wir verzichten auf den Blick zurück im Zorn und wünschen dem, der da auf neuen Bahnen kreist, nur: »Allzeit gute Fahrt!«

Die neue Mündigkeit

Bei allen Gefährdungen – Freundschaft hat heute eine neue große Chance, weil die Fähigkeit unter denen, die sie führen wollen, erheblich zugenommen hat, sich untereinander besser über die Art ihrer Beziehung selbst zu verständigen. Gab es früher das Sprechen über die Freundschaft fast nur in elitären Zirkeln unter meist allzu theorielastigen Diskussionsteilnehmern wie Sokrates, Schopenhauer oder Schiller, so hat sich heute die Sprachkunst der Freundschaft erheblich demokratisiert. Wir sind dabei, die Sprache der Freundschaft zu lernen, und beginnen, das Vokabular zu beherrschen, mit dem man über Beziehungen spricht – viel besser als noch vor Jahren. Wir finden Worte für unsere Motive, Erwartungen, Enttäuschungen, Wünsche, Kränkungen oder für unsere Euphorie.

Nicht, daß alles Reden über die Freundschaft und andere Beziehungen Gold wäre. Vor allem ist der Glaube irrig, man könne alle Probleme lösen, wenn man nur darüber redet. Manche tun es von morgens bis abends ohne sonderlichen Erkenntnisgewinn und nachweisbare Folgen für die eigene Lebensführung. Und so ist auch mit der neuen Sprachmächtigkeit unter Freunden sicher nicht jene Schwatzhaftigkeit bestimmter Frauenmagazine gemeint, jenes Psychogelaber, mit dem heute die Abkömmlinge des sogenannten Selbstverwirklichungsmilieus ihre Langeweile überbrücken – auch nicht jener Jargon der inneren Eigentlichkeit, der nur lose verbrämt, daß eigentlich wie eh und je nur getratscht und heiße Luft verplaudert wird.

Aber dennoch ist es angemessen, die Segnungen der psychologischen Betrachtungsweise für die Freundschaft zu würdigen, denn sie kommen dieser in der heutigen Zeit tatsächlich zugute. Die Chancen, sich wirklich gut zu verstehen, sind heute so groß wie nie zuvor. Denn die Fähigkeit, sich zu artikulieren und dadurch mitzuteilen, ist vielleicht die wichtigste Bedingung der Freundschaft überhaupt. Anders ausgedrückt: Sich *überhaupt* zu verstehen, ist die Bedingung, sich auch *gut* zu verstehen.

Früher war es noch so: Männer hatten Freunde, redeten aber nicht darüber. Frauen hatten Freundinnen, und es gehörte bei ihnen immer schon dazu, auch einmal die Freundschaft selbst zu thematisieren. Und früher bedeutete das auch: Wenn Freundschaften zerbrachen, litten Männer wie Frauen darunter, mit einem Unterschied: Männer redeten nicht darüber, Frauen schon. Heute hat sich daran manches geändert. Nicht nur die Frauen, die den Männern darin immer schon voraus waren, sondern endlich scheinen auch die Männer langsam, aber sicher den nötigen Wortschatz zu beherrschen, den eine echte Freundschaft braucht, um sich von einer Kumpelbeziehung zu unterscheiden. Vor allem diejenigen Männer, die ihre Probleme bislang gerne, wenn überhaupt, dann mit sich allein oder allenfalls mit einem großen Pils ausmachten, die großen Schweiger und Problem-Ignorierer also, die einsamen Wölfe, stummen Indianer oder maulfaulen Desperados mit der unbeweglichen Clint-Eastwood-Mimik, alle sie sind mittlerweile bedauernswerte Auslaufmodelle.

Viele von ihnen haben begriffen, daß es auch in Männerfreundschaften unerläßlich ist, die Sprache dieser Beziehungsform wenigstens im Grundkurs zu erlernen, anstatt immerzu nur so zu tun, als berühre sie das Glück wie der Bruch mit den Freunden nicht im geringsten. Manche werden deswegen schon belächelt oder als Weicheier, Frauenversteher oder als *smooth operators* diskreditiert. Nicht, daß es in einer gelungenen Freundschaft plötzlich darum ginge, von morgens bis abends tiefschürfende Beziehungsgespräche zu führen. Doch die neue Redegewandtheit ist trotzdem unverzichtbar. Nur mittels der Fähigkeit, eigene Gefühlslagen in Begriffe zu fassen und mitzuteilen, gelingt es, wahrhaft freundschaftsfähig zu werden, vor allem dann, wenn die Kommunikation einmal gestört sein sollte. Wie auch sonst? Die Chance zu einem erhöhten gegenseitigen Verständnis ist der Lohn des investierten Interesses. Und nur dadurch kann entstehen, wovon letztlich alle Freundschaft lebt: Identifikation und Verbindlichkeit.

Gleichgewichtsstörungen – Bad Vibrations

»In der Freundschaft müssen beide Teile
gleich viel geben und empfangen können.
Jedes zu große Übergewicht von einer Seite,
alles, was die Gleichung hebt, stört
die Freundschaft.«

ADOLPH FREIHERR VON KNIGGE,
ÜBER DEN UMGANG UNTER FREUNDEN

*E*s ist schlicht der normale Lauf der Dinge, das pure Leben, das Freunde eines Tages auf verschiedene Wege, in verschiedene Richtungen führt und gelegentlich Probleme heraufbeschwört, aus denen Krisen werden und viele Freundschaften auch sterben lassen. Das Leben verändert Menschen in ganz unterschiedlicher Weise, und gerade unter Freunden entstehen im Lauf der Zeit oft Beziehungskonstellationen, in denen zwei nicht mehr zueinander passen. Es braucht großen Kraftaufwand und dazu eine große Portion Glück, wenn eine Freundschaft über lange Jahre und Jahrzehnte hinweg in alter Frische bestehen soll – und irgendwann nicht mehr nur noch ein Abglanz alter Herrlichkeit ist.

Wenn unter Freunden eine Krise aufzieht, äußert sie sich zuerst darin, daß die Freundschaft im Empfinden der Beteiligten irgendwann – und anfangs oft ganz unmerklich – einseitig und unausgeglichen wird. Meistens stellt einer eines Tages fest, daß er sich abzappelt, Vorschläge zu allerlei gemeinsamen Unternehmungen macht, telefoniert und Einladungen ausspricht, aber von der anderen Seite nichts oder fast nichts mehr kommt. Aus der Perspektive des anderen kann sich diese Einseitigkeit dagegen ganz anders darstellen: Vielleicht fühlt er sich von dem Aktionismus mehr und mehr bedrängt, und je stärker er bedrängt wird, um so mehr Verdruß entsteht, so lange, bis er die Lust verliert und nicht mehr recht will. Es gibt jetzt etwas, was einen zunehmend am Freund zu stören beginnt. Einseitigkeiten entstehen oft dadurch, daß das Engagement des einen vom anderen als entweder übertrieben oder unpassend erachtet wird, während dieser andere bei seinem Freund eine zunehmende Verweigerungshaltung zu erkennen glaubt, eindeutige Rückzugsbewegungen, auf jeden Fall nicht genug, als daß die Fortführung der Beziehung für ihn noch zufriedenstellend verlaufen würde.

Ursachen von Freundschaftskrisen I: Enttäuschte Erwartungen

Wenn die Wünsche und Erwartungen, die Freunde einander gegenüber hegen, sich immer öfter nicht mehr erfüllen, sondern enttäuscht werden, gerät Freundschaft in die Krise. Es ist gerade das Überhandnehmen hinuntergeschluckter gegenseitiger Enttäuschungen, das Freunde häufig zu entzweien beginnt, ohne daß sie in der Regel viel dagegen unternehmen würden. Das bislang rund laufende Rad der Freundschaft kommt auf einmal ins Eiern, eine immer stärker werdende Unwucht bringt die gemeinsame Fahrt in Schlingern. Wo früher der Ball wie von selbst über das Netz flog, landet er nun immer häufiger im Netz oder im Seitenaus.

Es gehört zum Wesen jeder Freundschaft, daß die, die sie teilen, nicht nur unterschiedliche Erwartungen an diese Beziehung haben, sondern daß es nur in den seltensten Fällen eine ständige Übereinstimmung von Wunsch und Wirklichkeit gibt. Mit anderen Worten: Die Ansprüche, die man an eine Freundschaft stellt, sind fast nie ganz identisch mit denjenigen dessen oder deren, mit dem oder der man eine Freundschaft teilt. Das muß auch nicht so sein. In einer glückenden Freundschaft genügt es vollkommen, wenn die gegenseitigen Erwartungen zwar nicht bei jedem Freundestreffen, dafür aber auf Dauer im großen und ganzen erfüllt werden und man sich so hinsichtlich seiner Erwartungen gegenseitig mehr oder weniger ergänzt.

Wenn jedoch immer häufiger bestimmte Erwartungen, die einer in seinen Freund setzt, enttäuscht werden, entsteht irgendwann Frustration. Man fühlt sich beleidigt und ist gekränkt darüber, daß einen der andere nicht so wahrnimmt, wie man es sich wünscht. Statt dessen hat man das Gefühl, daß da einer nur seinen eigenen Stiefel weitermacht und vermutlich die Erwartungen seines Freundes, falls er sie erahnt, als entweder zu hoch und überzogen empfindet oder so, daß sie seinen eigenen Vorstellungen einfach zuwiderlaufen. Es kommt bald das Gefühl auf, dieselbe Wellenlänge verloren, sich nicht mehr viel zu sagen zu haben, kaum mehr etwas zu teilen. Bald entsteht Unmut oder Ärger, denn man meint, im anderen eine betrübliche Entwicklung zu einer erlahmenden Bereitschaft zu entdecken, auf die eigene Person einzugehen.

Eine solche Entwicklung zur Unzufriedenheit wegen nicht erfüllter Erwartungen muß nicht zwangsweise auf beiden Seiten in gleichem Maß verlaufen. Vielleicht vermißt einer weniger am Verhalten des anderen als umgekehrt. Häufiger aber dürften die Fälle sein, in denen das Mißbehagen mit der Zeit gleichmäßig auf beiden Seiten anwächst. Fast immer ziehen unerfüllte Erwartungen des einen, unerfüllte Erwartungen des anderen nach sich – auch wenn diese ganz anderer Art sein sollten. Gemeinsam ist beiden bald das Gefühl, eine gemeinsame Mitte verloren zu haben, den Gleichklang der Harmonie nicht mehr zu treffen. Wenn so etwas eintritt, dann hat das fast nie etwas mit schlechten Absichten zu tun, sondern schlicht damit, daß zwei Menschen so unterschiedlich geworden sind, daß sie es nicht mehr schaffen, die alte Übereinstimmung von Erwartung und Realität zu erzielen.

Ganz konkret wird es, wenn Freunde immer häufiger die Erfahrung machen, daß nicht mehr zusammenpaßt, was zwei voneinander wollen. Vielleicht will der eine mehr *small talk,* weil ihn das Bedeutungsvolle seit längerem nervt, das der andere in letzter Zeit im häufiger anschlägt. Und vielleicht will jener genau deswegen um so mehr Tiefgang in persönlichen Belangen, je leichter und aus seiner Sicht unverbindlicher die Sätze aus dem Mund seines Freundes fließen. Aber vielleicht geht es gar nicht um mehr oder weniger Tiefe oder Verbindlichkeit, sondern nur um verschiedene Ideen, was man zusammen unternehmen sollte. Vielleicht zieht einer oder eine mit dem Freund oder der Freundin um die Häuser und hegt den dringenden Wunsch, sich einmal wieder über die jüngsten Entwicklungen im gemeinsamen Freundeskreis auszutauschen, während sein oder ihr Gegenüber dagegen mehr Lust verspürt, die Themen des letzten SPIEGEL-Hefts abzuarbeiten. Vielleicht wünscht sich die eine von ihrer Freundin, daß sich diese mehr für ihr Seelenleben interessieren möge, während diese findet, daß eben solche Intimgespräche in letzter Zeit immer mehr zur einseitigen Nabelschau entartet sind, sie einfach keine Lust hat, nun zum x-ten Mal das gestörte Elternhaus und die emotionalen Schwierigkeiten ihrer Busenfreundin durchzuhecheln – und sich statt dessen weit mehr über Beruf und Karriere austauschen mag oder auch nur einmal wieder zusammen Joggen gehen möchte.

Die Erwartungen betreffen jedoch nicht nur Themen oder Aktivitäten, die Freunde teilen. Schon in so grundsätzlichen Fragen wie nach der Frequenz und Intensität, also wie engagiert wir eine Freundschaft führen oder führen sollen, herrschen immer wieder unterschiedliche Vorstellungen: Fast immer ist einer der Freunde der unumstößlichen Meinung, vom anderen könne etwas mehr Engagement kommen.

Zu hohe Erwartungen oder auch nur solche, die gar nicht zu hoch sind und dennoch vom Freund nicht erfüllt werden können oder wollen, werden über kurz oder lang zu einem beziehungsgefährdenden Problem. In der Regel verfestigt sich im Lauf der Zeit in einem der Beteiligten eine grundsätzliche Erwartungshaltung, ein Stau unerfüllter Wünsche. Im anderen ist es das Gefühl, seinerseits ebenfalls nicht mehr auf seine Kosten zu kommen und statt dessen immer stärker einem bestimmten Erwartungsdruck des Freundes ausgesetzt zu sein. Wird dieser Druck zu groß, versucht der, der ihm ausgesetzt ist, sich bald zu entziehen. Gerade als zu hoch empfundene Erwartungen entstammen fast immer dem umfassenden Wunsch, mit dem Freund mehr Gemeinsames zu teilen und üben doch immer wieder die entgegengesetzte Wirkung aus: Sie vertreiben ihn oder lösen bei ihm, wie es Georg Simmel nennt, eine »aggressive Defensive« aus. Darin steckt die eigentliche Tragik, wenn Freundschaften unter den Erwartungen zerbrechen. Der weise Menschenkenner Adolph von Knigge scheint dem recht zu geben und schreibt: »Freilich, wenn wir gänzliche Hingebung, unbedingte Aufopfrung, Verleugnung alles eigenen Interesses in höchst kritischen Augenblicken, blinde Ergreifung unsrer Partei gegen eine bessre Überzeugung, sogar Bewundrung unsrer Fehler, Billigung unserer Torheiten, Mitwirkung bei unsern leidenschaftlichen Verirrungen – mit einem Worte, wenn wir mehr von unsern Freunden fordern, wie Billigkeit und Gerechtigkeit von Menschen verlangen darf, die

Fleisch und Bein sind und freien Willen haben, so werden wir nicht leicht unter tausend Wesen eins finden, das sich so gänzlich in unsre Arme würfe.«

Das allerdings ist nur die eine Sicht der Dinge: Alles, was hier eindeutig nach überzogenen Vorstellungen des Freundes aussieht, stellt sich erfahrungsgemäß ganz anders dar, betrachtet man die Freundschaftskrise aus der anderen Perspektive. Jetzt erscheinen die Erwartungen dessen, der sie einfordert, gar nicht so übertrieben hoch, wie sie der andere empfindet. Der da als anmaßend empfunden wird, ist davon überzeugt, nicht mehr zu sein als nur ein wahrer Freund. Aus seiner Sicht sind seine Bemühungen nur ganz normale Zutaten einer Freundschaft, ja sogar das Elexier, das sie am Leben hält, und letztlich nur edelster Beweis dafür, daß er diese Freundschaft von einem beliebigen gutnachbarschaftlichen Verhältnis tatkräftig absetzen will. Er ist der Überzeugung, seine unermüdlichen, selbstlosen freundschaftlichen Annäherungsversuche seien höchst verdienstvoll, und auch der Ansicht, der andere sollte ihm sein Vorpreschen besser würdigen, anstatt ihm nur die kalte Schulter zu zeigen.

Das Problem der »hidden agenda«

Nun ließe sich das Problem schnell und einfach bereinigen, wenn sich in einer Freundschaft Verbundene schlicht offen und ehrlich die Auskunft erteilen würden, was sie sich unter dieser Freundschaft eigentlich vorstellen. Das könnte Enttäuschungen vorbeugen und die Freundschaft künftig befriedigender verlaufen lassen. Daß es dazu aber nur in den seltensten Fällen kommt, hat mit dem seltsamen Schweigen zu tun, daß Freundschaften umgibt, auch in diesem Fall. Aus ganz bestimmten Gründen breiten wir die Erwartungen an die Freunde so wenig offen aus, wie es die Freunde ihrerseits uns gegenüber tun. Unter Freunden herrscht, wie die Engländer sagen, eine *hidden agenda,* eine versteckte Tagesordnung an Erwartungen, die fast nie offenbart wird und fast immer verborgen bleibt.

Es ist tatsächlich so: Wir kennen die Erwartungen des anderen nicht oder zumindest nicht genau. Aller Wahrscheinlichkeit nach hat er oder sie diese Erwartungen uns gegenüber noch nie ausgesprochen. Wenn wir zu wissen meinen, wie die Erwartungen unserer Freunde aussehen, dann höchstens deswegen, weil wir sie allenfalls zu erahnen glauben. In einer ausgewogenen guten Freundschaft funktioniert das ganz gut. Das Problem stellt sich erst gar nicht. Man könnte auch sagen: Ein wahrer Freund errät aus tiefer persönlicher Kenntnis des anderen stets die Erwartungen seines Gegenübers und stellt sich darauf ein – und umgekehrt, so daß es erst gar nicht zu größeren Enttäuschungen kommt.

Aber genau darin, daß Freunde so oft nichts Genaues von den unerfüllten Erwartungen des anderen wissen, liegt auch eine große Gefahr für die Beziehung selbst. Dann nämlich, wenn sich die gegenseitigen Erwartungen nicht mehr wie von selbst ergänzen und erfüllen, sondern wenn sich mit einem Mal Negativerlebnisse häufen und unsere Erwartungen immer öfter enttäuscht werden. Dann wird die Dauerfrustration sicher über kurz oder lang in einen Selbstschutzmechanismus desjenigen münden, der immerzu enttäuscht wird. Wer meint, er komme zu kurz in dieser Freundschaft oder jedenfalls nicht auf seine Kosten, wer sich regelmäßig zurückgesetzt oder übergangen fühlt, wird sich irgendwann zurückziehen und Aggressionen gegen den Freund entwickeln.

Trotzdem, Freunde betreiben dieses Versteckspiel nicht ohne Grund. Es hat einen Sinn, daß Erwartungen im verborgenen bleiben sollen. Wir wollen schließlich nicht, daß sich einer uns gegenüber nur deshalb so verhält, weil wir uns das so von ihm wünschen. Wir wollen, daß unsere Erwartungen wie von selbst, freiwillig und wie selbstverständlich erfüllt werden. Denn lenkte der Freund das Gespräch auf ein Thema unserer Erwartungen, erst nachdem wir ihm klargemacht haben, daß wir dieses Interesse und diese spezielle Form der Beachtung erwarten, könnte die Freundschaft alle Spontaneität und Freiwilligkeit verlieren. Vielleicht wäre sogar zu befürchten, daß auch die Autonomie der Beteiligten auf dem Spiel stünde, wenn durch die Festlegung der Richtung unserer Aufmerksamkeit eine Art Zwanghaftigkeit in eine Freundschaft einzöge und diese nun den unübersehbaren Makel trüge, daß einer von nun an etwas aus Pflicht oder nur um uns zu gefallen tut, aber nicht aus eigenem Wunsch heraus. Letztlich, einen Freund, der uns seine *agenda* offenbart hat, bald nur noch so zu bedienen, wie er es sich vorstellt, kann natürlich auch bedeuten, daß nun die eigenen Erwartungen noch mehr zurückstehen und somit weiter Verdruß entsteht, der bald das Ganze dieser Beziehung ins Wanken bringt.

Wenn die Erwartungen und Wünsche nicht mehr gegenseitig befriedigt werden, ist die Folge fast immer, daß man dies dem anderen irgendwann übelnimmt. Entweder kommt man zu dem Schluß, dem Freund mangele es an wahrhaftem Interesse oder gar an den Möglichkeiten zu gegenseitigem tiefen Verständnis oder man meint schlicht herausgefunden zu haben, daß die Interessengebiete, die zwei teilen, nicht mehr allzu groß sind und eher außerhalb der gemeinsamen Schnittmenge liegen. Irgendwann mag man sich damit nicht mehr begnügen – und zieht sich zurück.

NERVENDE NÄHE

»Ich liebe die Menschen. Nur die Vorstellung mit einem von ihnen das Zimmer zu teilen, ist mir unerträglich.« Der Aphorismus von Dostojewskij drückt die vielleicht schwierigste Übung in der Praxis einer Freundschaft aus: Sensibilität für das richtige Maß an Nähe und Freiraum zueinander zu entwickeln, eine Nähe, die eine gefühlsmäßige Verbundenheit ausdrückt, aber gleichzeitig eine Nähe, die nicht auf die Nerven geht. Sich in einer Nähe gegenüberzustehen, die beglückt, und in einer Distanz, die guttut.

Das beginnt schon am Anfang einer Freundschaft: Alle Anfangssympathie kann in Ablehnung umschlagen, wenn man sich zu schnell und zu heftig umschlungen fühlt, wenn der Freundeskandidat zu schnell die Einladung ausspricht und sich auf einen stürzt. Ein frühes, zu ungestümes Vorschreiten gibt uns oft eine Vorahnung späterer drängenden Verhaltens. Schnell schleicht sich das Mißtrauen ein, daß man den, den man gerade noch sympathisch fand, vielleicht später einmal nicht mehr ohne weiteres loswird. Vielleicht erinnert man sich plötzlich mit Schrecken an die letzte unheilvolle Freundschaftsbeziehung, die dadurch endete, daß man schon Tage vorher nur noch mit Grausen an das bevorstehende Treffen denken mußte und wieder genau wußte, unter zwei Stunden Dauermonolog komme ich auch heute abend nicht weg.

Wir ziehen uns zurück, weil uns plötzlich zu überwältigen scheint, was an Verpflichtungen auf uns zukommen könnte, ließen wir uns auf die Nähe zum anderen tatsächlich ein. Dazu kommt, daß gerade überrumpelndes, besitzergreifendes Verhalten von Menschen, die uns zum Freund haben wollen, ungemein schwer in Schranken zu weisen ist. Der Freund, mit dem wir bis um vier Uhr morgens durchgemacht haben und der keine sechs Stunden später mit frischen Brötchen zum gemeinsamen Frühstück schon wieder in der Wohnungstür steht, ist ein echter Problemfall. »Laß mich in Ruhe!« zu sagen, wenn der andere doch nur das Beste will, das muß man erst einmal fertigbringen. Aber weil wir um die Größe dieses Kloßes wissen, den da einer schlucken müßte, würden wir ihn brüsk abweisen, verabreichen wir ihm diese schwere Kost nur in absoluter Notwehr, sozusagen erst, wenn wir mit dem Rücken zur Wand stehen. Es ist nicht gerade leicht, sich auch wirklich auszuklinken, wenn zuviel Nähe lästig wird. Denn einen Freund zu bremsen, der mehr Gemeinsamkeit will, ist kaum zu schaffen, ohne ihn zu verletzen, auch wenn es ehrlich und angebracht wäre, um Schlimmeres zu verhüten. Weil solch eine Absage ungemein schwer zu akzeptieren wäre und schnell Kränkungen nach sich zöge, lassen wir es bleiben und stürzen statt dessen viel zu oft in ein Abenteuer mit offenem Ausgang.

Es kann sein, daß man dieses Problem später dann, wenn eine Freundschaft in die Gänge kommt, nie mehr richtig los wird, löst man es nicht gleich zu Beginn. Was einzig vor unangenehmer Nähe bewahrt, ist ein gegenseitiges Herantasten der Beteiligten an das richtige Maß, die langsame Etablierung einer Freundschaftsbalance, so daß sich im günstigsten Fall das Problem übergroßer Nähe irgendwann von selbst erledigt. Ein Ideal der geeigneten Nähe unter Freunden ist einfach formuliert: Im Zweifel ist immer derjenige mit dem schwächeren Impuls auch derjenige, der den Grad der Intensität vorgibt. Es sei denn, dem anderen ist das nicht von vornherein zuwenig oder zu oberflächlich. So bestehen die besten Aussichten, daß man mit der Zeit das richtige Maß findet. Und doch ist man auch dann nicht gefeit vor dem Grundsatzproblem

unterschiedlicher Erwartungen unter Freunden – und
daraus resultierend den Enttäuschungen, wenn die Erwartungen nicht erfüllt werden.

BEZIEHUNGSFALLE: URLAUB MIT FREUNDEN

Ein gemeinsamer Urlaub mit Freunden kann das Schönste sein, was es gibt, und doch ist er auch eine heikle Probe, wieviel Nähe eine Freundschaft aushält. Gemeinsam
geteilte Zeit über die wenigen Stunden hinaus, die Freunden sonst der Alltag beläßt, zusammen die vielleicht wertvollste Zeit im Jahr zu verbringen, das ist auch ein Zeichen der gegenseitigen Verbundenheit. Jetzt, wo es nicht
an Zeit mangelt, ist Raum für ein viel tieferes Verständnis
als sonst, für Phantasie, Welterkenntnis und allerhand Kla-
mauk. Jetzt ist man nur wegen sich und der Freunde willen miteinander am Meer, im Gebirge oder sonstwo. Den
Alltag und seine Widrigkeiten hat man zu Hause gelassen
und kann sich ganz auf die freie Zeit einstellen.

Ein gemeinsamer, mehrwöchiger Urlaub ist jedoch vielleicht die schwierigste Gratwanderung, die Freunde absolvieren können, meist ohne daß sie sich dessen bewußt sind.
Wer ein gemeinsames Ferienziel ansteuert, sollte genau
wissen, wohin er oder sie da aufbricht. Es gibt kein Pa-
tentrezept für das Gelingen einer solchen Unternehmung.
Was hilft, ist, sich vorher klarzumachen, daß ihr Erfolg
unter den Bedingungen extremer Nähe – man denke etwa
an einen 14tägigen gemeinsamen Segeltörn – ganz vom
Willen aller zur Gemeinsamkeit abhängt. Auf keinen Fall
sollte man sich mit irgendwelchen konkreten Vorstellungen
in solch ein Abenteuer begeben, denn schnell erwartet
man mehr von einem, als er oder sie zu erbringen bereit
ist. Statt dessen muß die Regel gelten: Es darf nie zuwenig
sein, was der Freund gibt. Wenn einer glaubt, es drohe tat-

sächlich die Gefahr, daß er sich schon am zweiten Tag zurückgesetzt fühlen könnte oder gelangweilt ist, wenn der andere auch nur für kurze Zeit einmal einen Alleingang wagt und darauf verzichtet, den Animateur und Unterhalter zu spielen, dann sollte er besser zu Hause bleiben. Es gibt nichts Schlimmeres als Freunde, die eigenmächtig Ziele vorgeben und dann den Freunden Vorwürfe machen, wenn sich diese jene Ziele nicht zu eigen machen wollen. Die Kunst der Freundschaft besteht nicht darin, daß einer für alle eine fixe Idee hat, wie man einen gelungenen Tag verbringt, sondern daß sich Freunde gegenseitig in ihren Vorstellungen respektieren und aus allen Ideen eine größtmögliche Gemeinsamkeit erzielen, die aber nicht auf Kosten auch nur eines der Beteiligten geht. Nur wo Freiwilligkeit bei allen gewährleistet ist, wo eine alternative Idee nicht verprellt, sondern wie selbstverständlich zur Kenntnis genommen wird, macht Freundschaft Spaß und Vergnügen. Jeder Druck, jedes verpflichtende Gefühl ist ihr fremd.

Wer gegen diese Regeln verstößt und wer schon zu Hause dagegen verstoßen hat, der wird in Ausnahmesituationen, wie etwa einem gemeinsamen Urlaub, mit Sicherheit Schiffbruch erleiden. Gerade gemeinsame Urlaube sind oft nicht etwa Sonne, Strand, »die Seele baumeln lassen« – oder Sport, Spiel, Spannung. Bei Licht betrachtet, sind es vielmehr Härtetests, in denen Freundschaften auf die Probe gestellt werden und nicht selten unter den verschiedenen Erwartungen zerbrechen. Jetzt, wo es ein Maximum an geteilter Zeit gibt, die auch noch erlebnisreich und später voller schöner Erinnerungen sein sollte, wird allzu oft deutlich, was Freunde trennt, wo sie sich auf die Nerven fallen. Gerade im Urlaub ist es am nervenaufreibendsten, wenn wir uns, anstatt daß sich das Herz uns öffnet, plötzlich an Pflichten gebunden fühlen und Rücksichten in Momenten nehmen müssen, in denen wir es nicht wollen.

Und doch tappt man immer wieder in die Falle: Die Euphorie über einen glücklichen Moment voller Harmonie, den man vor Monaten beim gemeinsamen Abendessen mit den Freunden erlebte, eine Euphorie, die in den Vorschlag mündete, doch dieses Jahr einen gemeinsamen Urlaub zu verbringen, kann im Fall seiner Realisierung ins krasse Gegenteil umschlagen. Weil zuviel Nähe schnell einengend wirken kann, prägt plötzlich schon am zweiten Tag nicht mehr die vielbesungene Gemeinsamkeit das Geschehen, sondern man versucht sich bald abzusetzen, wo es nur geht, um wenigstens einmal für einen kurzen Nachmittag seine Ruhe zu haben. Die Tage werden unerquicklich, und man sehnt das Ende herbei. Die Spannungen steigen parallel zu der Kraftanstrengung, die nötig ist, bis zum Abreisetag gute Miene zum bösen Spiel zu machen – Beziehungsstreß prägt das Geschehen. Man ist schließlich erleichtert, alles überstanden zu haben, und freut sich schon auf den Balkon zu Hause, wo man sich nach überstandenem Trauma nun noch ein paar Tage Erholung vom Urlaub gönnen will, bevor man wieder ins hektische Arbeitsleben einsteigt.

Ursachen von Freundschaftskrisen ii: Konkurrenz und Neid

Neben den enttäuschten Erwartungen sind es vor allem Konkurrenz- und Rivalitätsgefühle, die das Gleichgewicht von Freundschaften erschüttern können. Sie haben ihren Grund fast immer in der naturgemäß ungleichen Verteilung von Glück und Unglück, Erfolg und Mißerfolg unter Freunden, dazu in der unterschiedlichen Art und Weise der einzelnen, mit Glück und Erfolg oder Unglück und Mißerfolg des anderen umzugehen. Solche Gefühle bleiben gerade in langjährigen Freundschaften nicht aus, und wenn sie aufkommen, gerät leicht ein anderes Freundschaftselement aus den Fugen: die Ebenbürtigkeit. Man könnte sagen, die Bewährungsprobe jeder Freundschaft setzt ein, wenn der Erfolg im Leben unter Freunden, die einmal unter gleichen Bedingungen gestartet waren, am Ende nicht in etwa gleichmäßig verteilt ist, sondern ein nicht zu übersehendes Erfolgsgefälle das Ergebnis zweier Lebensläufe ist.

Das ist der Moment, in dem oft auch ungute Gefühle in Freundschaften einziehen, die Plattform der Freundschaft verrutscht und ein hierarchisches Gefälle bekommt. Manchmal ist es auch so, daß sie immer schon leicht abschüssig war, nur daß es bislang keiner bemerkt hat. Solche Schieflagen in Freundschaftsverhältnissen entstehen nicht etwa, weil sich irgendwann plötzlich einer über den anderen erheben würde, sondern fast ausnahmslos umgekehrt, wenn einer eines Tages den Vergleich zu seinem Freund zieht und meint, daraus schließen zu müssen, er sei irgendwie mickriger und unbedeutender als dieser. Wenn sich der Neid dann auch noch auf einen richtet, der obendrein dadurch in Mißkredit geraten ist, daß er die eigenen Erwartungen kaum oder kaum noch erfüllt, dann ist diese Freundschaft bald mit einer doppelten Hypothek belastet.

»Ein guter Freund ist jemand, der sich heute schon auf dein Scheitern von morgen freut.« Diesen schwarzen Satz soll die Schauspielerin Liv Ullman einmal gesagt haben. Tatsächlich ist die Wahrscheinlichkeit, daß eines schlechten Tages in einer Freundschaft der Neid ausbricht, außerordentlich hoch. Neid zumeist auf den größeren beruflichen Erfolg oder die erfüllendere Partnerschaft des anderen ist in jeder Freundschaft angelegt. Er entsteht irgendwann, und zwar ausgerechnet aus einer ursprünglichen Bewunderung für den Freund heraus, die in einem gewissen Maß am Anfang jeder Freundschaft waltet. Schließlich wollen wir nur einen zum Freund, der durch Kompetenz besticht, keine Jammerlappen, Versager oder Drückeberger, sondern einen, der besondere Qualitäten hat, durch die er erst für uns attraktiv wird. Es muß etwas an einem Freund sein, das beeindruckt, was man wahrhaft genial oder besonders beachtlich findet. Das ist es erst, was einen stolz sein läßt, den Betreffenden einen Freund oder eine Freundin nennen zu dürfen. Gerät die Freundschaft ins Schlingern, zeigt sich auf einmal, wie nah Bewunderung und Neid beieinanderliegen.

Der dauernde Vergleich der Lebensführung und -gestaltung anderer mit der unsrigen ist eine soziale Grundlage menschlichen Verhaltens, eine Art und Weise, wie wir auch noch die anonymen Mitglieder der Gesellschaft immer wieder in den Blick nehmen. Nachahmen oder sich abgrenzen sind die beiden Pole, an denen sich das eigene soziale Verhalten orientiert. Was macht und wie macht es der andere? Aus der Beantwortung dieser Frage und der Herstellung eines Selbstbezugs dessen, was man am anderen beobachtet, selbst aber nicht hat, jedoch für höchst wünschenswert hält, entsteht Neidgefühl. Heute vielleicht noch mehr als einst: Gerade die Erfolgsgesellschaft hat uns längst eingeimpft, persönlicher Erfolg sei keine Angelegenheit des glücklichen Zufalls, sondern ausschließlich der eigenen Leistung. Neid wird so auch noch mit Schuld- und Versagensgefühlen aufgeladen. Denn nichts zu haben bedeutet heutzutage, auch nichts zu können.

Neid wird in dem Moment wachgerufen, in dem man bei anderen mit ansehen muß, daß sie etwas haben, was wir nicht haben, aber unbedingt wollen. Zwar gibt es Neid auf tausend konkrete Objekte, auf das Geld des anderen, sein Auto, seinen attraktiveren Lebenspartner. Im Kern geht es aber immer um ein und dasselbe. Wenn wir neiden, neiden wir das Glück des anderen oder, genauer noch:

das angenommene Glück des anderen. Neid ist im Kern Neid auf das bessere, glücklichere Leben der anderen. Man lasse sich nur einmal auf das Gedankenexperiment ein: Es gibt tatsächlich nichts schwerer Erträgliches im Leben, als selbst unausgefüllt und griesgrämig dazuhocken und dabei noch Menschen oder gar Paare erdulden zu müssen, die offenbar blendender Laune sind, ausgeglichen und mit sich im reinen und, noch viel schlimmer, offensichtlich guten Sex haben, während man selber lange nachdenken muß, bis einem der Tag der letzten einigermaßen zufriedenstellenden erotischen Begegnung wieder einfällt. Auch unter Freunden ist es alles andere als einfach, solche bezeugen zu müssen, die zu leben verstehen, dazu ein Glück in Händen halten, das sie aus einem hohen beruflichen oder sozialen Erfolg zu beziehen scheinen, der uns nicht vergönnt ist.

Den Erfolg des Freundes zu verkraften, ist keine Kleinigkeit, sondern braucht eine Menge persönlicher Größe. Je nachdrücklicher er sich einstellt, um so mehr wurmt er uns. Am allermeisten dann, wenn der Freund vielleicht noch vor nicht allzulanger Zeit die deutlich schlechtere Erfolgsbilanz vorwies, uns aber in kurzer Zeit überholt hat. Auch wenn wir es wirklich wollen, wir tun uns schwer, wahr werden zu lassen, was wir uns noch geschworen haben, als es noch nicht darauf ankam: ihm oder ihr diesen Erfolg auch von ganzem Herzen zu gönnen. Statt dessen sind wir oft nicht frei von leisen Gefühlen der Schadenfreude, wenn der Erfolg des Freundes ausbleibt und er sich wieder unseren Niederungen annähert. Glück ist tatsächlich immer auch, wenn das Pech andere trifft.

Um sich vor noch größeren Frustrationen zu schützen, neigen Neidhammel in solchen Freundschaften dazu, den unverhofften Erfolg des Freundes entweder herunterzuspielen, wo es nur geht, oder ihn, wo er nicht mehr zu leugnen ist, als reine Glückssache abzutun. Sie kommen zu der Ansicht, daß der andere, was er hat, völlig zu Unrecht haben muß und doch nur ein Hasardeur und Schlawiner ist, der einfach nur unverschämtes Glück hat, aber eigentlich nichts wirklich kann. Zu solchen Urteilen kommen Neider oft, nicht weil sie tatsächlich zuträfen, sondern weil sie sich selbst so ein wenig besser fühlen können. Mit Glück und Zufall des Anderen läßt es sich leichter leben, als wenn man sich eingestehen müßte, daß der andere seinen Erfolg wirklich verdient hat. Für viele würde dies bedeuten anzuerkennen, daß man es selbst zu nichts oder zu nur wenig gebracht hat. Dieser Selbstbezug ist es letztlich, der im Angesicht des erfolgreichen Freundes kräftig am eigenen Selbstwertgefühl kratzt. Und dieses nagende Gefühl ist es wiederum, was man sich unter allen Umständen ersparen will. Deswegen verschließt man nur zu gerne die Augen vor der Wahrheit, redet sich ein, daß der andere nur ein Glückspilz ist, und schafft es so, den drängenden Zweifeln, selbst nur eine Niete zu sein, zu entgehen.

Zu allem Unheil ist Neid auch noch ein Gefühl, das wir auf keinen Fall anderen gegenüber und auch nicht einmal uns selbst eingestehen wollen. Wir wollen unter allen Umständen vermeiden, daß ans Tageslicht kommt, ob und wie sehr wir neidisch sind. Tatsächlich platzen wir lieber vor Neid, als ihn zuzugeben. Neid ist jedoch ein so starkes Gefühl, daß er sich kaum zurückhalten läßt. Wo er einmal eingezogen ist, kann ihn der Beneidete beim Freundestreffen geradezu mit Händen greifen und spürt mit jeder Faser seines Körpers, wie ihm die Mißgunst entgegenschlägt. Wenn er den Raum betritt, wird er bald wie Luft behandelt. Er muß Sticheleien und kleine Seitenhiebe ertragen und wird wegen Kleinigkeiten in unerwarteter Schärfe angegangen.

Die Reaktion der Neidopfer, die die Mißgunst am eigenen Leib zu spüren bekommen, vollzieht sich oft unbewußt. Meistens ändern sie ihr Verhalten zum Freund und versuchen, durch Akte freiwilliger Unterwürfigkeit die alte Harmonie wiederherzustellen und den Groll des Neidhammels zu besänftigen. Man entspricht vorauseilend der Forderung des Freundes nach permanenten Beweisen der Bescheidenheit und macht sich bald etwas kleiner und »mausiger«, als man tatsächlich ist. Sie macht sich bald nicht mehr ganz so hübsch wie sonst, schminkt sich kaum, kleidet sich deutlich unauffälliger als sonst, weniger körperbetont und statt modisch sexy etwas grauer, gern im *casual look,* nur um bei der Freundin nicht erneutes Mißfallen zu erregen und ihr nicht noch mehr Anlaß für aggressives Neidempfinden zu geben. Er rückt im Gespräch mit dem Freund bald die wenigen Momente in den Vordergrund, in denen auch er einmal Pech hatte. Er versucht, eine Solidarität der Unterdrückten dieser Welt herzustellen, und bemüht sich, durch allerhand Anekdoten seinem Gegenüber unterschwellig mitzuteilen, daß auch bei ihm längst nicht alles so glatt läuft, wie es scheint, und auch er nicht nur auf der Sonnenseite des Lebens zu Hause ist. Ganz generell hält man sich künftig immer häufiger mit allerhand Erfolgsmeldungen zurück, die Neid erregen könnten, nur um die anderen damit nicht weiter zu reizen.

Das nützt auf Dauer freilich alles nichts. Über kurz oder lang kommt in dieser uneingestandenen Grüngesichtigkeit sowieso zum Ausdruck, was Neid im Grunde ist. Eben gar nicht so sehr das Gefühl, daß der andere so viel mehr hat als wir selbst, die schönere Frau, den attraktiveren Mann, mehr Geld oder mehr im Kopf, sondern umgekehrt, daß er oder sie nur jemand ist, der uns daran erinnert, daß wir nichts oder viel zuwenig von dem ersehnten Lebensglück haben, in dessen Besitz wir ihn oder sie wähnen. Neid ist nicht wirklich ein Zeichen einer objektiven Überlegenheit des anderen, sondern einzig ein Symptom eigenen Minderwertigkeitsempfindens. Der Neidhammel kann den Anblick des größeren Glückes beim Freund nicht mehr ertragen, weil er es mit dem eigenen Unglück verwechselt und ihm der Freund zum Spiegel des eigenen Versagens wird.

Weil das ganze Problem ausschließlich in der gefühlten Unterlegenheit des vom Neid Befallenen steckt, ändert es gar nichts an der Lage, wenn sich der Beneidete noch mehr zurücknimmt und bald versucht, durchschnittlicher zu erscheinen, als er es eigentlich ist. Wenn der Neid ausbricht, wird derjenige, dem er gilt, Opfer von Aggressionsschüben, auf die er keinerlei Einfluß hat, weil sie ausschließlich die Mißgunst seines Neiders entfesselt: Dessen offen oder latent aggressives Verhalten wird nur daraus verständlich, daß er glaubt, sich gegen einen empfundenen Verlust der Gleichheit zur Wehr setzen zu müssen, für den er den anderen verantwortlich macht. Genauso ist auch die Schieflage der Freundschaft, die dadurch entsteht, nur und ausschließlich sein eigenes Werk. Neider sind immer Menschen, die andere attackieren und dabei glauben, sie würden sich nur gegen eine Unverschämtheit verteidigen, die man ihnen angedeihen läßt wie zugefügtes Unrecht.

Die Mißgunst kann so groß werden, daß manche sogar die Freundschaft zum engsten ihrer Freunde kündigen. Das meint der so oft zutreffende Satz »Erfolg macht einsam.« Um das enttäuschende Erlebnis zu vermeiden, den wahren Ursprung und die tatsächliche Zuständigkeit für den eigenen Schmerz bei sich zu suchen, schrecken Neider in Freundschaftsbeziehungen auch nicht vor dem letzten Schritt zurück, mit dem Freund zu brechen. Neid wirkt tatsächlich als Freundschaftskiller, wenn, wie so oft, der Betroffene nicht in der Lage ist, den eigenen Groll auf eigene Minderwertigkeitskomplexe zurückzuführen, und er oder sie nicht einsehen kann, daß der andere dafür freilich gar nichts kann. Weitaus üblicher ist der psychologische Verdrängungsakt, das eigene Unglück dem Freund in die Schuhe zu schieben und den eigenen inneren Schmerz als die Wirkung einer besonders niederträchtigen Form von aktiver Charakterlosigkeit des Freundes umzudeuten, etwa seine schamlose Art sich aufzuplustern und andere kleinzumachen. Der Neider führt schließlich alles auf eine unheilvolle Persönlichkeitsentwicklung des in Ungnade gefallenen Freundes zurück, der auf unergründliche Weise zum Schwein, zum Materialisten, zum rücksichtslosen Egoisten geworden ist und nun dafür bestraft werden muß. Am besten, indem man aus Gründen der Moral nichts mehr mit ihm zu schaffen haben will.

Es fällt keineswegs ins Gewicht, daß die eigene Unterlegenheit ein reines Hirngespinst ist. Denn auch die nur eingebildete Unterlegenheit bedroht jenes für jede Freundschaft unerläßliche Gleichgewicht, die Balance der gleichen Augenhöhe. Aus der alten Ebenbürtigkeit entsteht ein Verhältnis einseitig gefühlter Unterlegenheit. Im Grunde ist eine so aus der Bahn geworfene Freundesbeziehung nur noch zu retten, wenn der, den der Neid ereilt hat, es noch rechtzeitig versteht, diesen in sich wirkungsvoll zu bekämpfen und aus der Welt zu schaffen, sich auf die eigenen Stärken und den eigenen Stolz zu besinnen und sich wieder selbstbewußt zurück auf das Podest der gleichen Augenhöhe zu begeben, von dem er sich an jenem unheilvollen Tag entfernt hat, an dem ihn der Neid gepackt hat.

Mitleid ist keine Basis

Man könnte aus den Betrachtungen zum Neid unter Freunden auch schließen, daß eine Freundschaft mit einem weniger erfolgreichen, ja erfolglosen Menschen einfacher zu führen ist als umgekehrt. Oberflächlich betrachtet, könnte man zu der Ansicht kommen, daß Freundschaften zu Zeitgenossen leichter gelingen, denen es ein bißchen schlechter geht als einem selbst. Mit einem Unglücksraben eine Freundschaft zu führen, scheint tatsächlich einfacher zu sein als mit einem Goldmedaillengewinner. Denn es ist leichter, Freund eines Menschen zu sein, der nur ein armer Tropf ist, als an der Seite eines gefeierten Stars zu verblassen und zurückzustehen. Eines solchen Menschens Freund zu sein, ist um so einfacher, da von diesem nicht nur keinerlei Gefahr für die eigene Herrlichkeit ausgeht, sondern die Freundschaftspflege obendrein noch Züge eines höchst ehrenvollen Samariterdienstes trägt.

Mitleid ist jedoch alles andere als eine tragfähige Basis für eine Freundschaft, sondern viel mehr Anzeichen dafür, daß einer von beiden zur wahren Ebenbürtigkeit nicht willens oder fähig ist. Freundschaften aus Mitleid werden nicht vom Willen zweier starker Freunde zusammengehalten, sondern oft nur einseitig von einem Dominanten, der sein Dominanzstreben durch Akte praktizierter Nächstenliebe tarnt und sich als Wohltäter aufspielt. Wie brüchig solche Allianzen sind, zeigt allein schon das übliche Verhalten der Beteiligten in den unvorhergesehenen Situationen, in denen der Empfänger der Mitleidsbekundungen eines Tages unverhofft auf die Erfolgsspur zurückkehrt, der ehemalige Pechvogel wie ein Phönix aus der Asche aufsteigt und seinen Gönner bald überflügelt. Dann wandelt sich in aller Regel die Nächstenliebe über Nacht in Mißgunst. Aller Wahrscheinlichkeit nach bezichtigt der einstige Förderer seinen einstigen Günstling dann neben einer neuen höchst schändlichen Selbstherrlichkeit vor allem einer Sünde: der Undankbarkeit.

Ursachen von Freundschaftskrisen iii: Gefährdungen durch Dritte

Die heikle Balance zu halten, darauf kommt alles an in einer erfolgreichen Freundschaft. Wem es gelingt, die Ausgewogenheit zu erhalten, hat beste Aussichten, eine Freundschaft zu bewahren. Eine Garantie dafür hat er jedoch deswegen noch lange nicht. Denn um einer Freundschaft ein langes Leben in Aussicht zu stellen, kommt es nicht nur auf die direkt Beteiligten an, sondern auch auf jene, die sie in nächster Nähe umgeben – in erster Linie auf die Lebenspartner des Freundes oder der Freundin.

»An der Wahl seines Lebenspartners werdet ihr euren Freund erkennen«, lautet eine eherne Regel aller Freundeserkenntnis. Wir sind von unseren Freundinnen und Freunden – eben weil sie unsere Freunde sind und deswegen großartige Menschen sein müssen – so überzeugt, daß wir ihnen eigentlich nichts anderes zutrauen als die Wahl eines Lebenspartners oder einer Lebenspartnerin mit nur den allervortrefflichsten Charaktereigenschaften. Ein Freund oder eine Freundin, die sich eine scheinbar charakterlose Person an die Seite nähme, das können wir uns gar nicht vorstellen. Was aber, wenn ich doch zu der Ansicht gelange, der neue Freund meiner besten Freundin sei ein Lackaffe? Was, wenn ich erfahren muß, die neue Freundin meines Freundes ist wohl nicht mehr als eine eingebildete Kuh? Dann droht abermals die Krise. Denn es gibt nicht wenige Fälle, in denen Freunde und Lebenspartner nicht zu vereinbaren sind und wir auf Dauer einen von beiden opfern müssen.

Es stimmt nicht, wie man manchmal hört, daß es unter Freunden keine Eifersucht gäbe. Gerade wenn Freunde, die bisher Singles waren, sich einen neuen Partner zulegen, ist die Reaktion vieler guter Freunde und Freundinnen, wie oft in neuen Situationen: skeptisch, abwartend. Sie ist es selbst dann, wenn Freunde – ganz platonisch – einen neuen weiteren Freund kennenlernen, der auf einmal ebenfalls öfter zugegen ist und die uneingeschränkte Sympathie dessen genießt, den wir zuvor vielleicht noch exklusiv für uns hatten. Dabei gilt die anfängliche Ablehnung der Person, die da auf einmal an der Seite des Freundes oder der Freundin auftaucht, häufig gar nicht so sehr dieser selbst, sondern gründet in der Befürchtung, daß der Freund oder die Freundin von nun an für uns ein bißchen weniger Zeit und Aufmerksamkeit aufbringt als bisher. Oft verläuft eine solche Entwicklung doch relativ reibungslos, und über kurz oder lang sind so aus zwei Freunden drei oder gar vier geworden.

Die Erfahrung lehrt dabei, daß Freundschaften nur dann gerade neue Lebenspartner überdauern, wenn man sie mit in die Beziehung einbaut und nicht, wenn man versucht, abgetrennt von ihnen Räume für die alte Zweisamkeit freizuhalten. Dennoch, gerade in den erotischen Partnerschaften, die Freunde eingehen, steckt eine erhebliche Sprengkraft für das Fortbestehen einer Freundschaft. Kommt man tatsächlich zu dem Schluß, der Freund oder die Freundin sei eine vollkommen inakzeptable Beziehung eingegangen und ist man nicht bereit, diese mitzutragen, gibt es nicht viel Hoffnung, daß die Freundschaft noch lange hält.

Tatsächlich ist höchste Gefahr für eine Freundschaft im Verzug, wenn sich die beste Freundin eines Tages einem Vorstadtgigolo an den Hals wirft und sich auch trotz eines mehrseitigen Vorstrafenregisters nicht von dieser Liaison abhalten läßt. Auch kann es eine Freundin grundsätzlich in Zweifel über die alte Freundschaft stürzen, wenn sie mit einem Mal mit ansehen muß, daß sich ihre beste Freundin freiwillig in die Hände eines Haustyrannen begibt, den sie nur noch einer Dienerin gleich umkreist und rundum betreut – und der sie doch nur schikaniert und an die Wand drückt. Genauso kann einer erhebliche Fragezeichen hinter eine Freundschaft setzen, wenn er an der Seite seines Freundes ein »Haserl« erlebt, das es sich gefallen läßt, von diesem wie ein Mittelding zwischen Mann und Kind behandelt zu werden.

Erotik schlägt Freundschaft

Kommen wir zu dem Schluß, der neue Partner tauge nichts für unsere Freundin oder unseren Freund, ist es naturgemäß unser Ziel, derjenigen oder demjenigen, die oder der hier anscheinend auf Abwege gerät, die Irrungen vor Augen zu führen. Oft aber nutzt aller Zuspruch nichts, denn die Liebesbande zwischen Mann und Frau sind nicht nur in den Anfängen blinder Verliebtheit, sondern oft auch noch lange darüber hinaus stärker als die zwischen alten Freunden. Im Zweifel wird die Freundschaft gegenüber der Liebe immer den kürzeren ziehen. Man opfert die Freundschaft der Liebe, nicht umgekehrt. Diese Regelhaftigkeit gilt es selbst dann noch zu bedenken, wenn sich Freunde und Freundinnen gerade in ihren schlimmsten Paarkrisen an die alten Freunde wenden, sich bei ihnen ausweinen und sich vielleicht sogar dazu versteigen, heftig die Boshaftigkeiten ihrer Partner zu geißeln.

Der eigenen Freundschaft zuliebe sollte sich ein guter Freund oder eine gute Freundin nur in absoluten Ausnahmefällen dazu hinreißen lassen, dem, der da so heftig über seinen Partner klagt, reinen Wein einzuschenken und ihm bestätigend mitteilen, daß man auch selbst immer schon der Meinung war, daß des Freundes neue Partnerin eine dumme Zicke sei oder der neue Partner der Freundin ein Armleuchter und geistiger Tiefflieger ohnegleichen. Denn meistens führt eine solche Partnerschaftskrise nicht zur Trennung, sondern wird bald vorübergezogen sein. Wer da kürzlich vor dem Freund noch so kräftig über den eigenen Partner hergezogen hat, hat sich mit diesem über kurz oder lang oft wieder eingekriegt. Aber wer sich da wieder versöhnt hat, steht nun plötzlich vor einem neuen Problem, einem ausgewachsenen Loyalitätskonflikt, den er selbst ausgelöst hat. Dabei wird er oder sie sich aller Erfahrung nach fast immer für den Lebenspartner entscheiden und gegen den alten Freund oder die alte Freundin, auch wenn der oder diejenige nur in die selbst angezettelte Klage eingefallen war, als man noch Reißaus vor seinem »Liebling« und Zuflucht zum Freund oder zur Freundin genommen hatte. Solches Verhalten ist kein Wunder, denn mit seinem Liebling muß man schließlich Bett und Wohnung teilen, mit dem Freund dagegen vielleicht nur den Tisch im Restaurant – und so wählt man das kleinere Opfer.

Das Ganze wäre kein Problem, wäre alles noch so wie früher. Männerfreundschaften und Frauenfreundschaften bestanden einfach fort, man akzeptierte viel eher, wen der andere sich zum Lebenspartner nahm. Es war nicht sonderlich belastend, wenn Horst nichts mit Hilde anfangen konnte, der Frau seines besten Freundes, denn schließlich sah man sich auch nur vier-, fünfmal im Jahr beim Grillfest im Sommer oder zum Punsch in der Adventszeit – und selbst da hatte man nicht sonderlich viel zu tun mit der Frau des Freundes. Oder aus der Sicht der Frauen: Mit dem Mann der besten Freundin mußte man ja nicht mehr als ein paar Höflichkeit austauschen. Zumal die Herren nach dem gemeinsamen Essen häufig den Tisch verließen, um sich Cognac schwenkend und abseits der Frauen über Politik, Fußball und Aktienkurse auszutauschen, während diese ebenfalls unter sich blieben, Nähmuster und Rezepte verglichen und sich über den letzten Film mit Curd Jürgens unterhielten.

Heute, im Zeitalter der psychologischen Eloquenz, soll es nicht nur zu zweit, sondern auch unter befreundeten Paaren erfüllend zugehen. Ist es schon schwer genug, zwei hochempfindliche Einzelindividuen unter einen Hut zu bekommen, so wird es doppelt kompliziert, eine Freundschaft zu viert zu pflegen. Trotzdem, die Harmonie auch unter Paaren anzustreben lohnt sich, denn nur wer den Partner des Freundes oder der Freundin erfolgreich integriert, hat eine halbwegs zuverlässige Garantie für den Fortbestand seiner alten Freundesbeziehung. Und vor allem auch für die Chance, daß man eines Tages den geschätzten Freund oder die beste Freundin zwischendurch auch mal wieder ganz für sich haben darf.

Die Partnerintegration hat aber auch ihre Grenzen: wenn Freunde nach dem Gewinn eines neuen Lebenspartners ihre alte Freundschaft weiterführen, indem bei allen weiteren Treffen ausschließlich und nur noch der neue Lebenspartner anwesend ist, dann leidet bald die Freundschaft. Den neuen Partner oder die neue Partnerin so weit einzugliedern, daß er oder sie immer auch zugegen ist, wenn sich die alten Freunde oder die alten Freundinnen treffen, ist kein probates Mittel, sondern allzuoft zuviel des Guten. Zwangsweise leidet die Intimität früherer Begegnungen unter den Freunden, das Persönliche der Unterhaltung, die Herzlichkeit und Exklusivität der alten Freundschaft, wenn ständig ein weiterer oder bei zwei Paaren zwei weitere Teilnehmer am Tisch sitzen. Wer sich vom ersten Tag der neuen Liebe an dem Freund immer nur im

Doppelpack zeigt, wer nur mit Begleitschutz beim Freunde erscheint, verspielt rasch leichtfertig das ganz Eigene der alten Freundschaft, die ganz besondere Nähe, die ihn einst mit dem Freund verbunden hat, auch wenn er nur auf den neuen Lebenspartner Rücksicht nehmen will. Die alte Freundschaft muß einen Ort der Exklusivität bewahren, auch wenn neue Lebenspartner an der Seite des Freundes oder der Freundin auftauchen. Es sollte auch ganz im Sinne des neuen Lebenspartners sein, der da zu einer alten Freundschaft hinzutritt, wenn dieser ein eigener Raum belassen bleibt. Am Ende wird auch der neue Lebenspartner nur davon profitieren, wenn die alte Freundschaft unbeeinträchtigt fortbesteht, schon allein deswegen, weil sie dem eigenen Partner so guttut.

Geht nie gut: Glückliches Paar trifft unglückliches Paar

In den überwiegenden Fällen pendelt sich alles irgendwann ein. Es wird Treffen nur unter Freunden geben und solche, in denen der neue Lebenspartner dabei ist. Ja vielleicht verstehen sich am Ende alle gut, und was anfangs als eine Bedrohung für die Freundschaft gewittert wurde, entpuppt sich am Ende als deren Bereicherung. Dennoch ist Vorsicht geboten. Paare sind nicht gleich Paare, und es ist für die gemeinsame Freundschaft ganz wesentlich, von welcher inneren Beschaffenheit die Bande sind, die ein Paar zusammenhalten. Höchste Gefahr droht, wenn sich Paare mit unterschiedlicher innerer Liebeskraft begegnen, oder, deutlicher gesagt: wenn ein glückliches Paar auf ein unglückliches trifft. Das geht nicht lange gut.

In Partnerschaften, in denen sich zwei nicht mehr viel zu sagen haben, konzentriert sich oft die ganze Energie nur noch auf die gemeinsame Zeit mit dem befreundeten

Pärchen, während dieses noch ein paar lustvolle Beschäftigungen mehr kennt, als nur Nacht für Nacht bis frühmorgens beim Rotwein zu sitzen, um den nächsten Tag mit schwerem Kopf zu begrüßen. Der Rückzug des glücklichen Paares ist in diesem Fall vorprogrammiert, genau wie der Frust des anderen, das oft nicht anders kann, als diesen Rückzug als Ablehnung oder Kränkung zu deuten und wieder auf sich und die eigene Tristesse zurückverwiesen ist. Die beiden Partner der unglücklichen Allianz werden alsbald höchst eingeschnappt reagieren und leider nur in den seltensten Fällen diese Entwicklung zum willkommenen Anlaß nehmen, die eigene problematische Beziehung einmal auf den Prüfstand zu stellen.

Vollends brenzlig wird es, wenn etwa der weibliche Teil des unglücklichen Paares den Freund der Freundin weitaus romantischer und einfühlsamer empfindet als den eigenen Mann. Oder wenn etwa der männliche Partner des unglücklichen Paares auf einmal feststellt, daß die neue Freundin seines Freundes all das hat, was die eigene Partnerin nicht hat. Ja wenn er bald die Partnerin seines Freundes deutlich attraktiver als die eigene findet, die Möglichkeit jedoch, sich dieser anzunähern, auch noch bei ausgeprägtem Gockelverhalten keine realistische Chance hat und alles beim alten bleibt, weil seine Avancen nicht erwidert werden. Irgendwann wird das glückliche Paar dem unglücklichen als ein schonungsloser Spiegel der eigenen verkorksten Beziehung erscheinen. Bald entsteht nicht nur erotischer Stau, sondern es kommt auch zu zwischenmenschlichen Spannungen, schließlich zu Frust, der sich in Aggressionen entlädt. Es kann gut sein, daß die Frustrierten dann beginnen, das andere Pärchen zu hassen, weil es offenbar im Besitz eines Glückes ist, das sie sich genauso sehnlich wünschen, es aber nicht haben können, zumindest nicht in der unglückseligen Beziehung, die beide miteinander führen.

Krieg und Frieden

»This is the end,
beautiful friend,
this is the end,
my only friend, the end.«

JIM MORRISON, THE DOORS

Wenn in Freundschaften der Wurm drinsteckt, sie aber dennoch in der Hoffnung weitergeführt werden, die schlechte Stimmung werde sich irgendwann wieder aufhellen, drückt sich das vorläufig in einem reduzierten gegenseitigen Engagement aus. Die gegenseitige Begeisterung hält sich nur noch in Grenzen. Man meint, es genüge, sich auf ein Minimalprogramm zu beschränken, zumindest so lange, bis sich die Lage wieder bessert. Man sieht nicht mehr ein, mehr zu geben, als unbedingt nötig ist, und wartet auf Zeichen des anderen, die aber meist genauso spärlich bleiben, wie diejenigen, die man selbst noch zu geben bereit ist. Die Freundschaft brennt jetzt nur noch auf Sparflamme, und es fehlt nicht mehr viel, um das Feuer ganz zum Erlöschen zu bringen. Solche Freundschaften auf Halbmast sind einfach zu erkennen, denn sie werden von den immer gleichen Krisensymptomen begleitet.

KRISENSYMPTOME I:
OBERFLÄCHLICHKEIT REGIERT

Verschlossenheit, die keine angeborene Mißtrauenshaltung gegenüber der Welt, sondern eine, die sich irgendwann aus irgendeinem Verdruß auszubreiten beginnt, ist ein untrügliches Zeichen dafür, daß eine Freundschaft gefährdet ist. Wo sie einzieht, wird sie von dem, der gerade noch zur Offenheit bereit war, aber sieht, daß der andere nur noch mauert, bald ebenfalls mit Verschlossenheit beantwortet. Freundschaften in der Krise werden wortkarger. Man zieht sich in eine schale Oberflächlichkeit zurück und meidet persönliche Worte. Der andere wird mehr und mehr nur noch zum Kumpel, dem man in Erinnerung an bessere Tage gerade mal noch wohlgesonnen ist – aber auch nicht mehr. Das Nachlassen der guten Gefühle wie auch die ihm zugrunde liegenden Verletzungen drücken sich auch ganz praktisch in einem Schwund an gemeinsamen Aktivitäten aus. Man trifft sich nur noch selten, und nach einer Stunde geht schon der Gesprächsstoff aus. Man landet immer häufiger bei Sach- und Fachthemen, beim Wetter, wie schön es in Neuseeland sei und daß es arg ist mit den gegenwärtigen Arbeitslosenzahlen. Man tauscht sich über die jüngste Entwicklung im Beziehungskarussell aus, fragt, ob ein gemeinsamer Bekannter noch sein Geschäft betreibt, und gibt noch ein Getränk in Bestellung. Aber selbst wenn es schon soweit gekommen ist, nehmen Freunde gerne zu allerhand rhetorischen Ausweichmanövern Zuflucht, die sie vor dem Eingeständnis bewahren, wie sehr ihre Freundschaft im Niedergang begriffen ist.

Ausreden und Notlügen

Freunde im Endstadium ihrer Beziehung verlegen sich bald auch auf allerhand Ausreden, die das Nachlassen der Beziehungsintensität zufriedenstellend legitimieren sollen. Ja man weicht selbst dann noch auf sie aus, sollte der Freund tatsächlich die Verstimmung thematisieren und seine Klage über den schlechten Zustand der Beziehung offen aussprechen. So sind es jetzt auf einmal scheinbare Notwendigkeiten und rein objektive Gründe, die der alten Freundschaft keinen Raum mehr geben. »Es war viel los in letzter Zeit«, lautet dann die Erklärung für die neue Funkstille, »Ich habe viel um die Ohren gehabt« oder »Ich habe eine 70-Stunden-Woche und komme zu nichts mehr«. Ausnahmslos verbirgt sich hinter solchen Sätzen nicht ein zeitlicher – oder gerne auch finanzieller Mangel (»Ich kann mir das Ticket nicht leisten«), sondern ein emotionaler. Wirklich keine Zeit haben nur Robbie Williams, Franz Beckenbauer und Angela Merkel, aber nicht Leute wie Sigrid, Karin oder Hans-Günter. In solchen Fällen verunmöglicht nicht so sehr der objektive Zeitschwund die Fortführung einer Freundschaft, sondern der Kitt des freundschaftlichen Gefühls ist schlicht zu schwach geworden, als daß noch Taten folgen würden. Für gute und echte Freundschaften nimmt man sich alle Zeit der Welt, für sie würde es nichts geben, was man ihretwegen nicht verschieben könnte.

Hinter allerlei Ausflüchten und Notlügen steckt fast immer nur ein erlahmender Wille und ein versickerndes Gefühl. Man rückt mit der Wahrheit nicht heraus, weil man nicht mehr will. In Freundschaften Konflikten aus dem Weg zu gehen hat mit der Möglichkeit zu tun, die in ihrem Konstruktionsprinzip begründet liegt: Sie gründen auf dem Willen – und der nur auf dem Gefühl. Wer sie nicht mehr will, muß sie nicht fortsetzen. Ja er muß dem anderen nicht einmal sagen, warum nicht. Abgesehen von den wenigen Fällen, in denen Menschen schlicht unfähig sind, überhaupt ein Konfliktgespräch zu führen, rührt die aufkommende Zurückhaltung fast immer von einer grundsätzlichen Verlegenheit oder Scheu, es unter keinen Umständen auf ein offenes Wort ankommen zu lassen. Am wahrscheinlichsten ist es aber, daß die eiserne Reserve, in die sich Freunde nun begeben, nur von der eigenen Behäbigkeit diktiert wird. Denn wer nur träge dahockt und schweigt oder sich mit irgendwelchen Erklärungen aus der Affäre zieht, braucht sich nicht sonderlich aufzuregen. Das Schweigen in endenden Beziehungen folgt meist nur einer schlichten psychologischen Aufwandskalkulation: Irritationen werden deswegen so lange wie möglich verschwiegen, weil sie auszusprechen hieße, das Risiko einzugehen, eventuell einen kräfteraubenden Konflikt austragen zu müssen. Außer einer Menge Ärger verspricht man sich nichts davon – und so läßt man es lieber bleiben. Als ob dies die Beteiligten fürchten würden, regiert auch noch bei extremen Formen gegenseitiger Entfremdung, wenn die Spannungen praktisch schon mit Händen zu greifen sind, ein großes Schweigen, das selten durchbrochen wird. Die meisten Freundschaften gehen daher kampflos unter. Sie tröpfeln langsam aus, ohne dabei viel Geräusch zu machen. Das Ende einer Freundschaft nach ausgiebiger Aussprache ist daher weitaus seltener.

Vorschub leistet dieser Reaktionsweise, daß wir es heute in vielen Bereichen verlernt haben, Lebensabschnitte zu beenden und letzte, klärende Gespräche zu führen: ob nach dem Beziehungsende mit unseren Ex-Partnern oder am Totenbett. Statt dessen umgehen wir gekonnt solche unliebsamen Situationen. Es ist dies das Resultat des Wirkens der modernen Lebensideologie, wonach wir unsere Lebensphasen wie die Dauer unserer Beziehungen nach Belieben verlängern oder beenden können, ohne entsagungsvolle Abschiede nehmen zu müssen. So ist es wohl auch in den meisten Fällen sterbender Freundschaften. Wir sprechen nicht darüber, was gut und was nicht gut war, sagen nicht mehr Lebewohl, sondern verziehen uns unmerklich schleichend in immer langsameren Rhythmen aus den Lebenswelten der anderen und sind eines Tages plötzlich ganz von der Bildfläche verschwunden – so als ob wir uns allmählich in Luft aufgelöst hätten.

Die nachlassenden Ausschläge eines abnehmenden Freundschaftsrhythmus', das wortlose Verebben sterbender Gefühle samt den Notlügen, die plötzlich umgehen, sind vielleicht allesamt noch zu verschmerzen, läßt das Interesse auf beiden Seiten gleichmäßig nach. Dann flaut eine Freundschaft unmerklich und doch in ausgewogener Weise ab. Ihre innere Erregung beruhigt sich allmählich, und sie schläft langsam ein. Freundschaften enden jedoch fast nie so, daß das Interesse auf beiden Seiten gleichmäßig schwinden würde. In aller Regel geht zuerst allmählich die Attraktivität eines der Beteiligten in der Sicht des anderen zurück, während dieser zumindest anfangs noch keine nachlassende Anziehungskraft verspürt.

Wenn die Freundschaftsinitiativen einseitig nachlassen, helfen auch Notlügen nicht mehr: Alles Gerede, es sei nun aus bestimmten sachlichen Gründen nicht mehr möglich, für die Freundschaft mehr Raum und Zeit zu investieren, als investiert wird, nützt nichts. Der noch interessierte, aber verprellte Freund wird das Ablenkungsmanöver durchschauen und darin nur eine Verlagerung der Prioritäten seines Freundes erkennen. Er wird damit ganz richtig liegen, denn der Instinkt in Gefühlsdingen ist untrüglich und immer noch stärker als die am besten verpackte Notlüge. Und doch wird er aller Erfahrung nach nur Beschwichtigungen ernten, wenn er eine Antwort auf seine Fragen will und anspricht, was offen zutage liegt.

KRISENSYMPTOME II:
NUR NOCH BEI GELEGENHEIT

Wenn Freundschaften in die Krise geraten, nehmen sie immer weniger Raum auf der Skala dessen ein, was uns im Leben wichtig ist. Bald werden sie zu etwas, was nur noch an Gelegenheiten gekoppelt ist. Oft setzt die Ent-

wicklung damit ein, daß etwa Telefonkontakte seltener
werden, nur noch per Mobiltelefon zustande kommen,
wenn man gerade im Stau steht – oder man von anderen,
wichtigeren Dingen des Lebens abgehalten wird. Oder
wir rufen nur noch aus »unlauteren« Motiven an. Wir
melden uns nicht so sehr, weil wir wirkliche Freundschaftspflege betreiben wollen, sondern – weit profaner – weil es
uns heute abend einfach stinklangweilig ist, weil wir in
Plauderlaune sind, die ersten drei vorgezogenen Anruf-
kandidaten allerdings gerade nicht erreichbar sind, schließlich Kandidat Nummer vier etwas verwundert abnimmt,
wir ihn oder sie aber keineswegs darüber aufklären, daß er
oder sie nur via Nachrückverfahren in den Genuß unseres
unverhofften Anrufes kommt. Wenn dann der Angerufene
beim ersten Satz »Ich wollte mal wieder von mir hören
lassen und fragen, wie es dir geht« schwer geschmeichelt
in wärmsten Gefühlen schwelgt, dann glauben wir fast selber, daß wir heute abend nur seinet- oder ihretwegen zum
Hörer gegriffen haben.

Die Besuche werden nicht nur weniger, sondern sie
kommen auch nur noch zustande, wenn einen andere
Gründe an den Wohnort des Freundes führen und sich
die Gelegenheit bietet. Wer nur noch am Rande von
Geschäftsreisen auf Besuch kommt und nur über Nacht
bleibt, um die Übernachtungspauschale vom Arbeitgeber
einzustreichen, kommt nicht aus edler Freundschaft, sondern aus Eigennutz, worüber auch die mitgebrachte Flasche Wein nicht hinwegtäuscht. »Du, ich bin am Wochenende sowieso in der Heimat, hast du nicht auch Lust zu
kommen?«, »Ich hab morgen in eurer Gegend zu tun,
da könnte ich auf einen Sprung vorbeikommen!« sagen
Freunde in diesem Stadium des Niedergangs, ohne noch
wirklich exklusive Treffen zu suchen.

Wo der Freund nur noch als Zusatzbereicherung der

eigenen feststehenden Lebensgestaltung auftaucht, fühlt er sich bald nur noch als Randfigur. Wenn Treffen nur noch zustande kommen, weil der Termin »auf dem Weg liegt«, ist dies ein untrügliches Zeichen für schwächer werdende Bande und nachlassende Zugkraft innerhalb der alten Freundschaft. Offenbar begeistert die alte Freundschaft nicht mehr so sehr, daß sich nur ihretwegen der Weg lohnte, sondern es braucht eine zusätzliche Verstärkung. Man nimmt den Besuch auf der Messe in der Nachbarstadt mit, vielleicht einen Einkauf und könnte bei der Gelegenheit auch noch einen anderen besuchen, den man lange nicht gesehen hat. Das Problem liegt einmal mehr nicht im Einzelfall. Es entsteht erst, wenn die Freundschaftspflege nur noch bei Gelegenheit erfolgt.

Freundschaft fordert exklusive Momente, nicht immer, aber doch öfter, und es sollte das Normalste der Welt sein, wenn sie zustande kommen. Werden diese Momente seltener, ist das ein sicheres Merkmal einer Freundschaft auf dem absteigenden Ast. »Wir gehen heute abend ins Kino, kommst du mit?« ist eine freundliche Einladung. Wenn aber alle Treffen nur noch zustande kommen, wenn ausschließlich einer nicht nur die Anlässe festlegt, sondern auch noch die Zusammenstellung der Gruppe, erst recht wenn dem anderen nur zu wählen bleibt, ob er das so zusammengestellte Gericht genießen will, er aber keine Wahl hat, ein anderes zu bestellen – dann hat das Ganze bereits einen schalen Beigeschmack. In Zeiten der blühenden Freundschaft kann man hin und wieder eine passende Gelegenheit wahrnehmen, Kür und Pflicht verbinden. Im Spätherbst der Gefühle sollte man das besser sein lassen. Denn jetzt erst erkennt man, daß wahre Freundschaft nicht an irgendeine zufällige Gelegenheit gekoppelt ist, sondern es wert sein sollte, daß eigens für sie Gelegenheiten geschaffen werden.

KRISENSYMPTOME III: GEIZ ZIEHT EIN

Enttäuschte Erwartungen, Einseitigkeiten und Schieflagen aller Art, Verstimmungen: Befindet sich eine Freundschaft schon mitten im Prozeß der Auflösung, tritt sie ins Stadium der Halblebigkeit, dann ziehen auf beiden Seiten auch bald Hemmungen anderer Art ein. Eine nur noch gedrosselte Einsatzbereitschaft prägt das Spielgeschehen. Seine materiellen Freundschaftsgaben wirft man bald nicht mehr mit vollen Händen aus, sondern setzt sie sparsamer ein: Geiz zieht ein.

Geiz ist primär eine Charaktereigenschaft emotional zu kurz gekommener Kinder, die ihre seelische Not ins Erwachsenenalter mitgenommen haben und noch immer auf unbewußte Ängste reagieren, von ihrer Umgebung ausgeraubt, ausgesaugt, geschröpft zu werden – unabhängig davon, wieviel einer wirklich auf der hohen Kante hat, völlig unabhängig auch davon, ob einer vielleicht sogar den bestdotierten Job ausfüllt. Geiz hat nie etwas mit wirklichem Mangel zu tun, sondern ist das Laster all jener, die die Lebenserfahrung gelehrt hat, ihren Mitmenschen besser ein grundsätzliches Mißtrauen entgegenzubringen. Ihrer Auffassung nach wird eine solche Haltung der Natur der menschlichen Spezies weitaus eher gerecht, als etwa seinen Artgenossen mit Nächstenliebe zu begegnen – da diese sofort schonungslos ausgenutzt werde.

Wenn Geiz plötzlich die Runde macht, wo vorher noch großzügiges Geben und Nehmen die Szene prägte, ist das mit Sicherheit die Begleiterscheinung einer einsetzenden Beziehungsstörung und ein eindeutiges Zeichen für einen Gefühlsschwund unter Freunden. Bei vielen ist aufziehendes Geizverhalten eine Art und Weise, indirekt auf mißliebiges Verhalten des Freundes zu reagieren. Geld, vor allem nicht ausgegebenes, ist immer auch eine emotionale Währung. Wo es einbehalten wird, steht es um eine Freundschaft nicht mehr gut, denn dadurch verlagert sich das Hauptaugenmerk nicht mehr darauf, was Freunde auf das Konto der Freundschaft einzahlen, sondern nur mehr darauf, was sie zurückbehalten. Wo Freundschaft waltet, ist das Geben und Nehmen wie selbstverständlich. Freundschaften verdienen nicht mehr ihren Namen, wenn dieses Selbstverständnis aufhört und sich leises Grübeln einschleicht. Um eine Freundschaft ist es nicht mehr gut bestellt, wenn es uns anfängt zu fuchsen, daß da einer, den wir einen Freund nennen, am Tisch sitzt, immer häufiger die spendierten Getränke nur noch empfängt, sich aber selbst in vornehmer Bescheidenheit zurückhält, wenn es gälte, selbst einmal eine Runde zu übernehmen. Ein Freund wird niemals auf völligen Ausgleich seines Gebens aus sein. Das ist kleinkariert und entspricht nicht dem Denken von Freunden. Das ändert sich erst, wenn einer die Entdeckung macht, daß es beim anderen jedesmal heftig klemmt, wenn es darum geht, seinerseits einmal die Kasse aufzumachen.

Wenn Freunde, die früher lockerer mit Geld umgingen, im gegenseitigen Übernehmen der Rechnung mit einem Mal ganz bewußt zurückhaltender werden, dann zumeist deswegen, weil sie damit unbewußt den Freund für etwas bestrafen wollen, was sie gekränkt hat. Sei es nur nachlassendes Engagement oder mangelnde Aufmerksamkeit, die man nun dadurch beantwortet, daß man seinerseits seine Großzügigkeit einschränkt. Dabei verhält es sich wie beim Neid, der urplötzlich über einen kommt: Wem eines Tages solches Geizverhalten widerfährt, der kann fast nie etwas dafür, daß er derart in Ungnade gefallen ist. Es reicht, daß derjenige, der sich zu solchem Verhalten veranlaßt sieht, eine neidvolle Beobachtung macht, von mehr Erfolg, mehr Attraktivität, mehr Glück beim anderen, er aber aus inneren Nöten nicht anders kann, als auf seinen Freund zu reagieren, als wäre das Glück oder der Erfolg, den der andere hat, etwas, was er ihm persönlich weggenommen hat. Durch seinen Geiz gelingt ihm wenigstens scheinbar eine kleine Vergeltung für ein empfundenes Unrecht, das genau besehen nur darin besteht, daß es dem anderen offenbar besser geht als ihm selbst.

Krisensymptome iv: No Tolerance

In einer wahren Freundschaft sehen wir fast alles nach, was nicht den Kern der Gefühlsbeziehung berührt. Äußerlichkeiten, Eigenheiten, Schrulligkeiten – Abweichungen in Fragen des Lebensstils, ja selbst unterschiedliche Meinungen. Das nehmen wir hin, ohne daß die Freundschaft auch nur den feinsten Riß erhielte. Es kostet uns nicht einmal sonderlich viel Bemühen, solche Unterschiede bis hinein in Weltanschauungsfragen zu akzeptieren. Wenn Freundschaften in die Krise geraten und die Gefühle sparsamer fließen, wendet sich das Blatt. Jetzt bekommen diese Dinge mit einem Mal eine Bedeutung. Was man vorher noch milde lächelnd verziehen hat, fängt an, tierisch zu nerven.

Macken, Meisen und Spleens der Anderen werden erst in Krisenphasen zu Absonderlichkeiten, die uns mächtig auf den Wecker gehen. Etwa die ewige Überspanntheit unserer besten Freundin oder das ewige Geknicker unseres Freundes. Wenn sie in bewährter Manier keine Möglichkeit ausließ, sich wegen Lappalien beim Einkaufen oder im Restaurant zu beschweren, dann hat uns das früher vielleicht sogar ein wenig amüsiert. In der Krise haben wir sie dagegen gefressen, wenn sie wieder einmal aus einer Mücke einen Elefanten macht, Extrawürste gebraten haben will und in all ihrer aufgebrezelten Tussigkeit durch den Raum stakst, um sich ein neues Opfer ihrer eigenen Affektiertheit zu suchen.

Und so ist es beim Geiz, der chronisch ist – und kein Krisensymptom. Mit einem chronischen Geizkragen eine Freundschaft zu pflegen, ist schon problematisch genug, auch dann, wenn der Geizige seine Veranlagung nicht unmittelbar an einem selbst austobt. Der Freund etwa, dem wir nach langer Zeit wieder einmal im Café gegenübersitzen, gespannt darauf, Neuigkeiten auszutauschen, zieht erst in angespannten Zeiten unser Befremden auf sich, wenn wir mit ansehen müssen, wie er zur Feier des Tages ein kostenfreies Glas Leitungswasser in Auftrag gibt. Worüber wir früher großzügig hinweggesehen hätten, das trübt nun erheblich die Euphorie. Auch wollen wir es jetzt eigentlich nicht mehr miterleben, wenn er später, nach dem Essen im Restaurant, wieder kein oder viel zuwenig Trinkgeld gibt. Wenn er die Gelegenheit nur nutzt, um sein Portemonnaie von den mißliebigen roten Cent-Münzen zu erleichtern, dann war das auch schon in normalen Zeiten gewöhnungsbedürftig, aber wir haben darüber nur schwach gegrinst. Jetzt, in Krisenzeiten, könnten wir ihm an die Gurgel gehen, wenn wir bezeugen müssen, wie er das Kleingeld mit dem Zeigefinger einzeln aus dem Beutel schabt, Türmchen bildet und sie endlich der ungeduldig werdenden Bedienung hinüberschiebt, diese schließlich allen Ernstes anstrahlt in der Erwartung, für diese Spende auch noch ein Lächeln wärmsten Dankes zu erhaschen.

Freunde mit problematischen Eigenheiten sind sicher schon an sich Lieberhabermodelle. Aber wir verzeihen fast alles, wenn es mit unserer Freundschaft noch zum besten steht und wir an der Persönlichkeit des Freundes oder der Freundin noch genügend anderes Liebenswertes schätzen, was jenen Makel wettmacht.

Die Toleranzschwelle sinkt aber auch in einem anderen Bereich drastisch, wenn Freundschaften angeschlagen sind: nämlich in Stilfragen. Interessanterweise kündigt sich in den seltensten Fällen der Anfang vom Ende einer schwächelnden Freundschaft dadurch an, daß man sich jetzt wegen grundsätzlicher Meinungsverschiedenheiten in die Haare geraten würde. Befremden unter Freunden lösen häufig keineswegs zuerst Differenzen in Fragen der Zeit aus, wie etwa »Pro und Contra von Frauen im Priesteramt«, die ökologische Vertretbarkeit winterlichen Erdbeerkaufs oder die Legitimitätsproblematik des Irakkrieges. Nicht konträre Haltungen des Freundes in der Frage des Spitzensteuersatzes oder das Für und Wider einer Direktwahl des Bundespräsidenten ziehen unsere Skepsis, ein temporäres Verschnupftsein oder noch höheren Verdruß nach sich, sondern jetzt scheinbar viel Oberflächlicheres: Etwa der Kauf eines tiefer gelegten Sportwagens in Metalliclegierung mit Heckspoiler. Der »Wunderbaum«, der dort neuerdings am Rückspiegel baumelt, löst bei dem, der bislang mit dem Fahrzeughalter befreundet war, neuerdings weit mehr Irritationen aus als dessen eigentümliche Einschätzungen der politischen Großwetterlage. Auch der Sylt-Aufkleber, der seit ein paar Tagen an der Heckklappe prangt, entpuppt sich letzten Endes als weit beziehungsgefährdender als die haushaltspolitische Hardliner-Meinung dessen, der hier am Steuer sitzt.

Stilistische Übereinstimmungen waren es, die uns oft am Anfang unserer Jugendfreundschaften für den anderen einnahmen, Übereinstimmungen in der Gestaltung unserer Lebenswelt, die uns einst überhaupt erst zu Freunden werden ließen. Zum Freund oder zur Freundin erkoren wir zuallererst, wer die gleiche Musik hörte, den ähnlichen *dress code* oder jugendlichen Lebensstil wählte oder wer Uriah Heep hörte, einen Bundeswehrparka trug und als Schulranzenersatz die griechische Hirtentasche bevorzugte.

Stilistische Differenzen sind es oft auch, die das Ende einer Freundschaft einläuten. Denn viel schlimmer als politische Meinungsverschiedenheiten in einer angegriffenen Freundschaft ist es, daß der Freund oder die Freundin neuerdings auf einmal nach jedem Satz »Bingo!« oder »Okidoki!« sagt und sein Neugeborenes Finn oder Noah genannt hat. Ist das gute Gefühl aufgebraucht, ist es schlimmer als alle Kontroversen zu weltbewegenden Fragen wie Gottesexistenz oder Kopftuchverbot, wenn die Freundin neuerdings einen Zehenring trägt, sich unlängst beim Nordic Walking im Park erwischen ließ oder kürzlich im Biergarten tatsächlich »Schorle rot-süß« bestellt hat. Freundschaften in der Krise bekommen irreparable Risse, wenn der Freund plötzlich statt Socken Füßlinge trägt oder einen Geländewagen mit Rammschutz durchs Naherholungsgebiet chauffiert, um mit seinem Yorkshireterrier Gassi zu gehen. Es sind Brillengestelle, die Freundschaften jetzt vollends in die Enge treiben, Schuhmodelle, bestimmte Urlaubsziele, Freizeitgewohnheiten, neue Aftershave-Düfte oder Parfums – oder vielleicht auch, daß sie oder er seit neuestem alles mit Käse überbäckt und beim Italiener immer »Pizza Hawai« bestellt. Solche Kleinigkeiten bedrohen in Krisenzeiten viel stärker den Fortbestand einer angeknacksten Einmütigkeit als jedes inhaltliche Streitgespräch. Wie sehr eine Freundschaft noch Herzenssache und nicht nur ein Bündnis des Verstandes ist, kommt nirgendwo besser zum Ausdruck als darin, daß wir viel länger bereit sind, intellektuelle Differenzen in Kauf zu nehmen, als stilistische Irritationen zu dulden. Die einen lösen im schlimmsten Fall nur Rätselraten über die geistige Entwicklung des jeweiligen Freundes aus, die anderen dagegen ein tiefer gehendes Unbehagen, das so etwas wie ein instinktives Antigefühl auslöst.

Solange eine Freundschaft lebt, sehen sich Freunde fast alle stilistischen Patzer nach: den neuen Tiefergelegten genauso wie den Sylt-Aufkleber, die schwarze Glattlederhose genauso wie Hera Lind als Strandlektüre. Über die »Pizza Hawai« lächeln wir nur milde, der Yorkshireterrier muß leider draußenbleiben. Selbst über die vormals verhaßten neoliberalen Anwandlungen in der Steuerpolitik fetzen wir uns einen Abend lang, lassen es dann aber gut sein. Auch unterschiedliche Meinungen in Sachfragen sind in der Regel zu verschmerzen. Erst wenn schlechte Stimmung einzieht, wendet sich das Blatt.

Der grosse Showdown

Freundschaften in der Krise vor dem endgültigen Untergang zu bewahren, ist vielleicht das größte Problem dieser Beziehungsform. Denn es erweist sich als viel schwerer, eine erschlaffte Freundschaft wieder auf das richtige Gleis zu setzen, als dies bei anderen Beziehungen der Fall ist. Freundschaften müssen auf Dauer nicht nur starke zentrifugale Kräfte aushalten, sondern sind auch alles andere als besonders geeignete Plattformen zu Bereinigung von Konflikten. Wo alles nur dem Willen gehorcht, kann die Freundschaft morgen schon vorbei sein. So etwas wie eine Treuepflicht ist in einer Freundschaft kaum entwickelt. Es gibt auch sonst keinen äußeren Zwang, sich wieder einzukriegen, wenn man sich einmal überworfen hat: wo alles nur dem sprunghaften Gefühl und dem ebenso wankelmütigen Willen folgt, ist die Tür nach draußen immer weit offen. Die Erfahrung lehrt, daß nicht sonderlich viel Beziehungsstreß notwendig ist, diesen Ausgang auch zu nehmen.

Aber als ahnten sie es, daß ihre Beziehungsform für allerlei Zerreißproben nicht besonders geeignet ist, neigen Freunde erfahrungsgemäß dazu, Störendes, Verstimmungen und Widersprüchlichkeiten so lange wie möglich unter den Teppich zu kehren. Gerade unter Freunden strebt man nach Harmonie und ist geneigt, diesem Ideal die Realität immer wieder unterzuordnen. Freunde, auch die besten, sind sich zwar immer irgendwann einmal Grenzfälle, und was nervt, tun wir lange Zeit ab in der Hoffnung, es werde sich schon wieder einrenken. Oft erledigt sich die Sache aber nicht von selbst, und das ewige Verschweigen rächt sich: Kleinigkeiten, die stören und verärgern, häufen sich, nagen und nagen, bis das gute Grundgefühl aufgefressen ist. Dann braucht es tatsächlich nicht mehr lange, bis so viel vorgefallen ist, daß es richtig knallt und wir nicht mehr bereit sind, über das letzte Fehlverhalten oder die letzte dumme Bemerkung hinwegzusehen. Nur, dann ist es meist zu spät. Immer wieder ist der erste richtige Konflikt unter Freunden nicht nur ein meist ganz fürchterlicher Krach, sondern in aller Regel auch die erste und letzte Auseinandersetzung, die geführt wird.

Leider werden aufkeimende Konflikte auch unter Freunden nur selten zu Zeiten der *good vibrations* angepackt, dann nämlich, wenn noch die Chancen zu einer konstruktiven Lösung bestehen. Statt dessen wird oft gewartet, bis sich schon zu viel Groll angestaut hat, die Aggressionen durchgegoren oder so massiv sind, daß kaum zu unterdrückende *bad vibrations* die Atmosphäre aufladen. Jetzt kommt es nicht mehr zu klärenden, neues Verständnis schaffenden Dialogen, sondern zu unsinnigen, verletzenden Anklagen, unter denen die Freundschaft letztlich zerbricht.

ABSURDES THEATER

Der Vorfall ist so geringfügig wie gängig. Ein Freund rastet aus. Er hält Gericht über einen anderen, vielleicht am Rande einer Skifreizeit mit acht, vielleicht zehn Teilnehmern. Ein Vorwurf steht im Raum, der an Absurdität nicht zu überbieten ist: Der Freund hätte sich beim Frühstück wiederholt zuviel geschäumte Milch in die Tasse gefüllt. Der Betreffende, der zur Rede gestellt wird, kann nicht glauben, was er hört. Aber es muß ernst gemeint sein, die Schläfenäderchen des Beschwerdeführers, den er neulich noch seinen Freund genannt hätte, pulsieren gefährlich. »Zuviel Milch im Kaffee? Hat der sie noch alle?« denkt der Angeklagte, den sich sein Freund vorknöpfen will, voller Entsetzen und in der leisen Vorahnung, daß in den nächsten Minuten eine ganz und gar unheilvolle Lawine ins Rollen kommt. Der Angeklagte beginnt nachzudenken, was es wirklich sein könnte, das sein Gegenüber so gegen ihn aufbringt. Irgendwie scheinen vorgefertigte Aspekte eine Rolle zu spielen. Offenbar scheint auf ihn eine länger schon bestehende Sicht vorzuherrschen, die anderen Quellen entspringen muß als der realen Erfahrung. Es fällt ihm nichts ein. Egal, jetzt ist er dran.

Da kommt auch schon die nähere Erläuterung. Man bedeutet ihm erneut, er würde sich stets mehr Milch in den Kaffee nehmen, ohne daß auch noch etwas für die anderen bliebe. Gut, das Einzelbeispiel sei sicher läßlich, wird nun relativiert, aber es passe eben ins Bild. Es sei ein weiteres Puzzleteilchen im Gesamtbild! Was denn damit gemeint sei, lautet die verdutzte Nachfrage. Der Beschwerdeführer legt die Stirn in Falten und rückt jetzt damit heraus, daß der Angeklagte sowieso immer auf seinen Vorteil aus sei! Wie er denn darauf komme, will der

Angeklagte wissen. Dafür gebe es vielfältige Hinweise, wird ihm eröffnet. Zum Beispiel gestern beim gemeinsamen Abendessen. Er würde sich immer den besten Platz am Tisch aussuchen, rudert der Ankläger. Der Angeklagte denkt nach, ergebnislos. An besagtem Abend gab es nur acht Teilnehmer der Tischrunde, und es war nicht erkennbar, welcher Platz an der großen Tafel höherwertiger als der andere hätte sein können. »Noch, was?« fragt der Beschuldigte nach und weiß noch immer nicht recht, wie ihm geschieht. »Das ist doch ganz egal!« redet sich jetzt der Ankläger um Kopf und Kragen: »Es gibt halt solche Leute wie dich, die sich das Brot gerne auf beiden Seiten buttern.« Neuerliches Schweigen ob neuerlichen Unverständnisses beim Angeklagten. Man wittert die mangelnde Überzeugungskraft des Arguments und legt nach: »Das ist übrigens auch schon vielen anderen aufgefallen!« Also müsse es ja wohl zutreffen.

Das Tribunal gerät außer Kontrolle, das Hüttenwochenende zum Fiasko, der Beklagte beschließt bei soviel Feindseligkeit, anderntags noch im Schutze der winterlichen Frühnebel abzureisen. Die Freundschaft ist aus, obwohl das Vorgefallene eher komischen Charakter trägt, als irgendwelche ernsthaft nachvollziehbaren Konfliktlinien aufzuweisen. Aber so ist es oft: Niemandem wurde geschadet, die angekreideten Verfehlungen sind völlig substanzlos und so mikroskopisch klein, daß man sie kaum erkennen kann, und doch ist dem Ankläger klar, der andere ist jetzt dran: Zu viel hat sich angestaut, jetzt reicht es. Nicht mit mir! Der Freund, ein gnadenloser Egoist. Das sei schließlich auch den anderen aufgefallen.

Vorwürfe, wie die geschilderten, sind natürlich grotesk und doch nur das Normale in Freundeskonflikten. Es ist das typische destruktive Verlaufsmuster eines letzten Konflikts, das hier zum Tragen kommt und das auch Paartherapeuten aus der täglichen Praxis kennen. Das übliche Problem unangemessenen Konfliktverhaltens zeigt sich hier in höchster Ausprägung: Mißachtung sämtlicher Gebote einer reifen Konfliktführung sowie das Übertreten von Verboten, die normalerweise regeln sollten, daß es nicht zur Beziehungshavarie kommt. Alles, die gute Erziehung, der eigene Verstand und der Respekt vor der Person, die es zu attackieren gilt, wird über den Haufen geworfen, nur damit endlich der Hochdruck entweichen kann, der sich freilich aus ganz anderen Gründen gebildet hat.

Konfliktklassiker:
Der ewige Egoismus-Vorwurf

Konflikttypisch ist, daß Freundschaftsbrüche sehr oft einem klassischen Grundmuster vieler endender Innigkeitsbeziehungen folgen: dem Egoismus-Vorwurf. Obwohl jeder, der halbwegs bei Verstand ist, im unerhitzten Zustand nur zu gut wüßte, daß es beim Egoismus-Vorwurf stets vier Finger gibt, die auf einen selbst zeigen, während man den ausgestreckten Zeigefinger auf jemand anderen richtet, verhindert das nicht, daß die Stunde kommt, den Freund zum Schuft zu erklären. »Du nimmst immer am meisten Milch in den Kaffee, du setzt dich immer an den besten Platz am Tisch, du bist immer nur auf deinen Vorteil aus – du, du, du!« Der Egoismus-Vorwurf ist in kriselnden Freundschaftsverhältnissen, die eskalieren, so verbreitet wie fast immer völlig unfair und unbegründet. Er ist vor allem ein Armutszeugnis der eigenen Konfliktfähigkeit, etwas, das man sich unbedingt verkneifen sollte.

Nicht, daß es keine wirklichen egoistischen Verhaltensweisen unter solchen gäbe, die sich Freunde nennen. Gerade in nur eingebildeten Freundschaften gibt es genügend Menschen, die sich von ihren »Freunden« ganze

Urlaube pauschal organisieren lassen oder sich sonstwie ins gemachte Nest setzen, ohne sich dafür irgendwie erkenntlich zu zeigen. Es gibt solche, die von den Freunden das Angebot zur Kinderbetreuung wie selbstverständlich in Anspruch nehmen, ohne je eine Gegenleistung zu erbringen – oder Abende lang vor sich hin dozieren, ohne auch nur einmal dem anderen das Wort länger als ein paar Minuten zu erteilen. Aber zum einen sind wirklich »egoistische« Verhaltensweisen unter wahren Freunden von vornherein ausgeschlossen. Zum anderen verbirgt sich hinter dem Egoismus-Vorwurf fast durchweg etwas ganz anderes: Er ist fast immer die Spitze eines Eisberges aus angestauten Kränkungen, die offenbar erlitten hat, wer meint ihn äußern zu müssen. Mit dem Vorwurf an den Freund, ein Egoist zu sein, wird daher auch fast nie auf das Verhalten eines tatsächlichen »Egoisten« reagiert, sondern nur auf das eigene verletzte Ego, sich selbst nicht wahrgenommen oder zurückgesetzt, nicht genug geliebt und nicht genug geachtet zu fühlen.

Tatsächlich hat der angeblich egoistische Freund, von dem man sich auf einmal so schmählich behandelt fühlt, in den meisten Fällen gar niemanden aktiv gekränkt. Meist ist es nur so, daß er oder sie durch irgendein harmloses Verhalten beim Anderen einen wunden Punkt getroffen hat. Vielleicht hat man ihn verprellt, indem er oder sie einen Alleingang zuviel gewagt hat, wo der andere lieber Gemeinschaft gehabt hätte. Oder er oder sie hat in bestimmten Situationen persönliche Stärken demonstriert, über die der oder die andere nicht im selben Maß verfügt wie der Freund oder die Freundin: Selbstsicherheit, Schlagfertigkeit, Sex-Appeal – was auch immer. Die Stärken des einen sind es, die oft unbewußt die Schwächen des anderen entblößen, wenn dieser oder diese ihrer ansichtig wird. Das ist es eigentlich, was dem Freund zu schaffen macht und sich bald zu einer regelrechten Bedrohung auswächst, die oft scheinbar nur noch durch das Auffahren schwerster Geschütze abgewehrt werden kann.

Derjenige, den man bald einen »Egoisten« nennt, kann also nichts für die verwundete Seele des anderen. Doch das hindert den Gekränkten bei der berüchtigten letzten Aussprache nur selten daran, aus seinen Frustrationserlebnissen einen massiven Vorwurf an den anderen zu konstruieren und seine eigenen Verletzungen in Form ungebremster Aggressionen wie bei einem Vulkanausbruch herauszuschleudern. Jemanden wahllos egoistische Verhaltensweisen vorzuwerfen zeugt immer davon, daß sich derjenige, der solche Anklage erhebt, offenbar nicht über die eigentlichen Motive der eigenen Zorneswallungen im klaren ist. Im Kern entspringen sie nicht dem scheinbar unmöglichen Verhalten des anderen, sondern in aller Regel einer eigenen narzißtischen Störung, mit der reagiert, wer erlebt, daß sich ein geschätzter Freund ihm nicht genügend zuwendet. Es ist ein gefühlter Entzug an Zuneigung, der in wiederkehrende Frustrationserlebnisse mündet und nun quasi als Selbstschutz mit der Charakterlosigkeit dessen erklärt wird, der sich anscheinend von einem zurückzieht, frei nach der Logik: »Du liebst mich nicht, weil du nur dich lieben kannst.« Konfliktverläufe wie diese sind normal und doch bitter, weil sie immer wieder zeigen, daß auch halbwegs intelligente Menschen nicht davor gefeit sind, in der allgemeinen Erregung jede Besonnenheit in den Wind zu schlagen, und sich benehmen wie angeschossenes Wild.

Konflikte, die sich um einen Egoismus-Vorwurf drehen, haben als Auslöser in aller Regel einen scheinbar völlig nebensächlichen Vorfall, allerdings einen, auf den der Gekränkte hoch allergisch reagiert. Es ist dies eine winzige Begebenheit, die den Generalverdacht, unter dem der Betreffende schon seit längerem steht, nun auch vollauf zu bestätigen scheint. Statt mit sich selbst ins Gericht zu gehen und herauszubekommen, was denn im Inneren so mächtig drückt, rechtfertigt eine Bagatelle den letzten Streich, zu dem nun ausgeholt wird, denn nur er schafft endlich die ersehnte Entlastung.

Vielleicht war es ja so: Vielleicht hat sie am Abend zuvor zum wiederholten Mal nicht nur ausgelassen getanzt, phantastisch ausgesehen und ausgiebig geflirtet. So ausgiebig, daß ihrer Gefährtin, die bislang sowieso immer hinter ihrer Freundin zurückstand, wieder einmal klarwurde, daß diese Person, die sie immer so bewundert hat, im Grunde eine wandelnde Dauerbedrohung ihres eigenen Selbstbewußtseins ist. Eine Gefahr, die es schleunigst abzuwenden gilt, soll die eigene Ich-Konstruktion nicht zusammenbrechen. In einem anderen Beispiel ist es vielleicht nur die schlichte Beobachtung, daß einer zuletzt noch etwas zurückhaltender mit seinen Aufmerksamkeitsbeweisen gegenüber dem alten Freund war, was ihm dieser seit geraumer Zeit schon verübelte. Oder es erregte den Unmut des Freundes noch einmal ganz besonders und brachte das Faß zum Überlaufen, als er in der Tischrunde am Vorabend des Konflikts zu bemerken glaubte, daß ihn sein Gegenüber zum wiederholten Mal intellektuell nicht für voll nahm.

Unter Männern fällt der Egoismus-Vorwurf häufig, wenn es um ganz allgemeine Kompetenzrivalitäten geht, bei Frauenfreundschaften ist es eher die Eifersucht auf die höhere Attraktivität der Freundin oder ihren größeren beruflichen Erfolg, die im Konfliktfall darin mündet. Geraten gleich zwei Paare aneinander, ist es oft der Neid auf das Glück des befreundeten Pärchens oder die Eifersucht der Unzufriedenen auf die attraktivere Partnerin des

Freundes oder den attraktiveren Partner der Freundin, die den Egoismus-Vorwurf heraufbeschwören.

Der goldene Erfolgsweg, solche unproduktiven Stellvertreterkonflikte zu vermeiden, besteht auch im Freundesstreit einmal mehr in der Fähigkeit der Beteiligten, die Urmotive der eigenen Verletzungen und Kränkungen, wie auch der Aggressionen und Frustrationen, die sich daraus entwickeln, zu erkennen. Einmal mehr gelingt es erst dadurch zu verhindern, was sonst nicht lange auf sich warten läßt, nämlich daß sich einer durch eine unkontrollierte Energieentladung am Freund eine durch und durch destruktive Entlastung verschafft. Das Glück, Freundschaften über Konflikte hinweg zu bewahren, hängt ganz entscheidend vom Vermögen ab, die eigenen schmerzenden Gefühlslagen zu erkennen, sie zu zergliedern und dadurch abzubauen, ohne daß es dazu eines Freundesopfers bedürfte. Gelingt dies nicht, endet mit dem Egoismus-Vorwurf in aller Regel das Trauerspiel einer unreifen Freundschaft. Was einst hoffnungsvoll begonnen hat, versandet in der völligen Verwerfung und geht unter ohne jede Größe.

Sind auch noch die letzten Gefühle in einer Freundschaft ausgehaucht, kreidet man dem anderen an, was man zuvor an ihm geschätzt oder gar bewundert hat. Es ist nun so, wie Lawrence Olivier einmal gesagt haben soll: »Nach einigem Nachdenken findet man jeden unsympathisch.« Auch den Freund, den man einst so geschätzt hat. So erklärt sich auch das geflügelte Wort von der Freundschaft, die schnell in Feindschaft umschlagen kann. Die Vorzeichen der alten Freundesqualitäten kehren sich nun um. Aus dem hohen Selbstbewußtsein des Freundes, das man einst bewundert hat, wird nun abzulehnende Arroganz und Eitelkeit, aus dem Talent zur eigenen Meinung boshafte Querulanz, aus seiner brillanten Intelligenz Besserwisserei, aus seiner Redegabe Rechthaberei, aus seiner Bedürfnislosigkeit blanker Geiz, aus seinen Entertainer-Qualitäten nur die Sucht, unbedingt im Mittelpunkt stehen zu müssen.

KONFLIKTMANAGEMENT I:
EBENBÜRTIGKEIT TROTZ KRITIK

Das A und O einer produktiven Konfliktlösung unter Freunden ist die Fähigkeit der Beteiligten, noch im heftigsten Gefecht das Gebot der prinzipiellen Ebenbürtigkeit zu beachten. Denn genau dieses ist in jedem Konfliktfall höchst gefährdet. Wenn es nach dem großen Krach tatsächlich zum Bruch kommen sollte, dann ausnahmslos deswegen, weil man in einer Art gestritten hat, in der auf einer Seite – oder gar auf beiden – das Gefühl entstand, einer der Beteiligten habe seine Autorität über die des anderen gestellt und eine Verletzung der gleichen Augenhöhe bewirkt.

Konflikte unter Freunden auszutragen ist so ungemein schwer, weil selbst in konstruktiv verlaufenden Versuchen eine grundsätzliche Gefahr schlummert. Es ist dies die Gefahr, daß jede, auch noch eine faire persönliche Kritik dem Gebot der Ebenbürtigkeit in die Quere kommt. Persönliche Kritik ist fast immer nur ganz schwer so zu äußern, daß sie nicht zugleich auch degradierend wirkt oder so, als würde sich einer über einen stellen und wie mit der Autorität eines Erziehungsberechtigten ein Verhalten maßregeln – etwas, was wir uns eigentlich nicht bieten lassen wollen. Wer kritisiert wird, fühlt sich oft wie von oben herab behandelt. Das kann an ihm selbst liegen, wenn er selbst die schonendste und optimal geäußerte Kritik nicht verträgt. Oder es kann an seinem Kritiker liegen, wenn der über das Ziel hinausschießt und zu mehr ausholt, als angemessen wäre.

Unter Freunden kann das allerdings nicht bedeuten, daß man am besten jeder persönlichen Kritik aus dem Weg gehen sollte, weil sie eine fast unmögliche Gratwanderung darstellte. Es bedeutet nur, daß es gerade unter Freunden ungemein wichtig ist, die Spielregeln einzuhalten, damit Kritik akzeptabel wird. Es geht um die Schwierigkeit, Ebenbürtigkeit zu gewährleisten und ihm oder ihr doch offen und geradeheraus zu sagen, was einen stört. Außerdem auch immer darum, Kritik so zu äußern, daß der Unmut, mit dem wir auf sie reagieren, stets so gering bleibt, daß er nicht sogleich die guten Gefühle erstickt und den Willen beeinträchtigt, diese Freundschaft noch fortführen zu wollen. Nirgendwo so sehr wie in einer Freundschaft wird jedes noch so versteckte Foul augenblicklich registriert, und kann sogleich dazu führen, daß wir uns der Fortsetzung des Spiels augenblicklich entziehen.

Konfliktmanagement ii:
Das kleine Einmaleins

Freunde werden nur dann auf Dauer auch Freunde bleiben, wenn sie sich an das kleine Einmaleins einer konstruktiven Konfliktlösung halten. Vor allem bei Freunden, bei denen es bereits kriselt, kommt alles auf das Beherrschen bestimmter Regeln an, soll ihre Freundschaft nicht vollends vor die Hunde gehen oder, um im Bild zu bleiben, soll das Match nicht wegen des Donnerwetters sofort abgebrochen werden. Neben dem Tabu, an die Ebenbürtigkeit zu rühren, zählen dazu einige Schlüsselfähigkeiten, von denen Gedeih und Verderb künftiger Entwicklungen abhängt. Vielleicht ist es zuallererst diejenige, sich in einem Konflikt die eigene subjektive Empfindungsweise

einzugestehen und nicht zu versuchen, Konfliktverläufe
unter Freunden, die immer das Aufeinanderprallen zweier
subjektiver Betrachtungsweisen sind, wie von neutraler
Stelle aus zu beurteilen.

Ein Spieler oder Fan einer Fußballmannschaft ist kein
guter Schiedsrichter eines Spiels, bei dem die eigene Mann-
schaft aufläuft. Trotzdem erlebt man immer wieder Menschen, die in der Manier von Oberlehrern streiten, bemüht beherrscht wirken und versuchen, so zu erscheinen,
als seien sie gar nicht Teil des Konflikts, sondern die
fleischgewordene Neutralität. Man erlebt oft und gerne,
daß solche Zeitgenossen, deren Verhalten selbst Teil eines
Freundeskonflikts ist, versuchen, sich selbst aus dem Konflikt herauszuheben, indem sie so tun, als könnten sie
die Streitigkeiten von wahrlich unparteiischer Warte aus
so beurteilen, wie sie eigentlich sind: »Was du subjektiv
schilderst, war objektiv ganz anders, nämlich so, wie ich es
dir jetzt erzähle ...« Die reife Sicht eines Freundes im
Konflikt ist es, sich selber als Teil eines Problems anzuerkennen, anstatt es nur einseitig im Fehlverhalten seines
Gegenübers anzusiedeln.

Auch ist es eine der ersten Einsichten konflikterprob-
ter Gemütsmenschen, den anderen bei aller Kritik nie
pauschal zu verurteilen. Anstatt zu sagen: »Du, du, du! Du
bist so schlecht und liederlich, du bist ein Egoist!«, ist es
immer besser sich darauf zu beschränken, die Wirkungen
zu beschreiben, die einzelne Verhaltensweisen anderer auf
einen selbst ausüben. Konstruktive Satzanfänge in Konflikten lauten stets: »Auf mich wirkt dein Verhalten ...«
Solche Sätze unter Freunden geben den Kontrahenten
die Chance, statt einseitiger Schuldzuweisung den wahren
Gründen für Mißstimmungen näher zu kommen, und
ermöglichen zugleich eine ergebnisoffene Behandlung des
Problems. Gerade jene unsachlichen Pauschalvorwürfe,

die Konflikte oft so leidvoll machen, können so vermieden werden. Pauschalurteile sind deswegen so zerstörerisch, weil sie nicht ein Einzelverhalten kritisieren, sondern es gleich zum Symptom einer grundsätzlich negativen Eigenschaft eines Menschen erklären. Man sollte es im Interesse einer fairen Auseinandersetzung unterlassen, aus einzelnen Beobachtungen von Verhaltensweisen solche verallgemeinernden Schlüsse zu ziehen und dadurch einem Freund gleich den Charakter abzusprechen. Pauschalurteile stellen die ganze Persönlichkeit eines Menschen in Frage und lassen dem Betreffenden dadurch keine Tür mehr offen, sondern brechen die Brücke zu jeder Neuverständigung ab. Wer dagegen ein Konfliktvorgehen beherzigt, das problemorientiert ist, gewährleistet viel eher, daß es zu keinen unsinnigen Schuldzuweisungen kommt, sondern bei der gesamten Auseinandersetzung vollkommen offenbleibt, ob das Dilemma nun im Verhalten des aktiv Agierenden liegt oder nur in der Art, wie der Empfänger damit umgeht.

Zum gelungenen Verlauf einer Konfliktbereinigung unter Freunden zählt unbedingt auch die Vermeidung von Generalisierungen, also aus etwas Einmaligem auf ein immer wiederkehrendes Verhaltensprinzip des anderen zu folgern: »Das machst du übrigens immer!« Oft ist es nur die Dürftigkeit der Einzelbeispiele, die ein erhitzter Kopf im Krach ins Feld führt, die ihn dazu drängt, zu Generalisierungen als Katalysator der eigenen Überzeugungskraft zu greifen. Statt vorschnell zu folgern, »Was du einmal getan hast, tust du immer«, sollte man lieber auf die Maxime »Einmal ist keinmal!« zurückgreifen und die Sache abhaken, anstatt darauf herumzureiten.

Auch auf allerlei unlautere Verstärker der eigenen Position gilt es zu verzichten: »Das ist den anderen auch aufgefallen!« Wie sehr die Masse fehlen kann, zeigen vielfältige

Beispiele vor allem aus der jüngeren Menschheitsgeschichte. Die Zuhilfenahme anderer, die in den Zeugenstand kommandiert werden, um dem Vorwurf der Schändlichkeit des anderen mehr Wucht zu verleihen, ist auch nicht sonderlich überzeugend, weil durch die personelle Verstärkung des Beschwerdeführers nicht automatisch auch sein Argument stärker wird, es zudem auch gar nichts Zusätzliches beweisen würde. Genauso wie lautes Schreien nicht bedeutet, daß damit mehr Wahrheit erzielt wird, sondern nur von einem offenbar als wackelig empfundenen eigenen Standpunkt kündet, dem man durch Aufdrehen des Lautsprechers mehr Nachdruck verleihen will, verhält es sich bei Strategien, die ihre Durchschlagskraft erst durch die Aufbietung erhöhter *man power* steigern wollen.

Wenn es unter Freunden zum Krach kommt, geht es meist laut zu. Der Gefühlsstau bricht sich seine Bahn und reißt alles an unterdrückten Enttäuschungen mit sich, was nicht ganz niet- und nagelfest ist. Aber es geht selten so zu, daß am Ende etwas dabei herauskommt. In den meisten solcher Fälle ist das gute Gefühl aufgezehrt, der Wille, sich noch einmal zu vertragen, nach der Sintflut erloschen, der Wunsch dafür um so größer, nun den Ort des Schreckens rasch zu verlassen und das Weite zu suchen.

Es sind nur wenige Freunde, die in einen Konflikt hineingehen und denen es gelingt, ihre Freundschaft nicht nur zu retten, sondern sie sogar zu festigen oder neu zu begründen: Sie stellen eine beachtliche Konfliktkompetenz unter Beweis. Wer es jedoch darauf erst gar nicht ankommen lassen will, sollte sich nicht so sehr auf ein taugliches Konfliktmanagement verlegen, sondern auf das Geschick, Krach und Krisen von vornherein so gut zu vermeiden, wie es nur geht. Eben weil sich Freundschaft

für Konflikte so schlecht eignet, ist die eigentliche Königs-
disziplin unter Freunden in erster Linie nicht jene, Konflikte unbeschadet zu überstehen, sondern das Geschick,
es erst gar nicht soweit kommen zu lassen: Mehr noch als
in allen anderen menschlichen Beziehungen ist die Kunst
der Freundschaft die Kunst, den Konflikten vorzubeugen,
die in ihr angelegt sind.

Vorbeugende Massnahmen 1: Gegenwartshandeln

Freundschaft ist ein zartes Pflänzchen. Wer es am Leben
erhalten will, tut gut daran, sich vor aufziehenden Gewit-
tern zu schützen, bevor sie richtig ausbrechen. Nur wer
frühzeitig erkennt, was sich zusammenbraut, und dann
beherzt die Probleme angeht, hat noch Chancen zu entschärfen, was sich an Brisanz entwickelt.

Oft steht man gerade im Anfang aufziehender Krisen
auch beim nächsten und übernächsten Treffen noch unter
dem Eindruck einer Verstimmung, die sich beim letzten
und vorletzten Treffen einzuschleichen begann. In einer
Mischung aus Bequemlichkeit und dem Vertrauen darauf,
daß sich das schon wieder irgendwie legen wird, versucht
man, den Störungen keinen größeren Raum zu geben
und konzentriert sich auf das Gemeinsame. Oft geht diese
Strategie aber nicht auf, und wir beobachten an uns nur,
daß uns die alte Kränkung doch länger im Griff hält, ja
wieder wachgerufen wird, wenn wir uns wieder treffen.
Wenn man sich dann doch entscheidet zu reagieren und
seinem Unmut äußern möchte, dann geschieht dies oft so
zeitverzögert, daß dem Freund wie einem selbst der ur-
sprüngliche Anlaß der Verärgerung nicht mehr zwingend
in Erinnerung ist und nur noch ein diffuses Gefühl latenter
Feindseligkeit im Raum steht. Wird zu lange gewartet,

wird der eigentliche Anlaß der Verstimmung, der in der Vergangenheit liegt, oft zusätzlich mit weiteren Irritationen und Geplänkel angereichert, so daß am Ende ein starkes, eindeutiges, gegen den Freund gerichtetes Gefühl vorherrscht, das innere Knäuel an vielfältigen Verletzungen aber nicht mehr zufriedenstellend entwirrt werden kann.

Um nicht im Aggressionsstau zu landen, hilft es nur, Verstimmungen frühzeitig zu erkennen, gegenwartsnah anzusprechen und sie aus der Welt zu schaffen, bevor sie zu groß geworden sind. In aller Regel besteht dann auf beiden Seiten noch genug gutes Gefühl und Wille zu Einsicht und Korrektur, etwas, was wir nicht mehr ohne weiteres aufbringen, werden die Vorwürfe zu groß. Weil wir viel zu häufig zu lange warten, viel zuviel aufschieben und tatenlos bleiben, entstehen irgendwann negative atmosphärische Dauerzustände, ebenjene genannten *bad vibrations,* die wie die Fliegen kommen und kaum noch zu verscheuchen sind, haben sie sich einmal breitgemacht.

Vorbeugende Massnahmen II:
Öffnen der »hidden agenda«

Ein weiterer Schritt, aus der aufziehenden Entfremdungsspirale herauszutreten und Konflikte gar nicht erst aufkommen zu lassen, besteht darin, daß wir – trotz aller Folgeprobleme, die daraus entstehen könnten – Einblick in die *hidden agenda* unserer Wünsche und Erwartungen gewähren und sie auch immer wieder neu bei unseren Freunden abfragen. Wenn die Kunst, die *hidden agenda* des anderen zu erraten, nicht mehr zum Ziel führt, bleibt eben nur noch der direkte Vergleich, der Klarheit bringt und den aufziehenden Streß noch entschärfen kann, bevor die Lage eskaliert.

Es geht dabei darum, die eigenen Wünsche zu äußern und diejenigen des Freundes in Erfahrung zu bringen in der Hoffnung, sich fortan besser aufeinander abzustimmen. Nicht, daß das Öffnen der *hidden agenda* schon eine Garantie für einen künftig erfüllenden Verlauf einer Freundschaft wäre. Es kann gut sein, daß zwei Erwartungshaltungen nicht oder nicht mehr recht zusammenpassen. Aber es kann eben genausogut zutreffen, daß man jetzt erst in Erfahrung bringt, was diese Freundschaft für die Beteiligten genau bedeutet – und man kann sich darauf einstellen. Die Kernfrage an den Freund, deren offene und ehrliche Beantwortung manchem Konflikt vorzubeugen hilft, lautet: Wie stellst du dir diese Freundschaft eigentlich vor? Wem es gelingt, in dieser Frage eine Annäherung der verschiedenen gegenseitigen Vorstellungen zu erzielen, wer sich nicht scheut, diese Erwartungen immer wieder einmal neu zu vergleichen, und letztlich, wer auch dem anderen gegenüber freimütig Auskunft über die eigenen Wünsche und Erwartungen gibt, der weiß zuverlässig, woran er ist. Wünsche zu äußern oder die *hidden agenda* zu öffnen heißt freilich nicht nur, irgendwelche konkreten Ziele zu formulieren, sondern kann immer auch bedeuten, dem anderen klarzumachen, was einen stört und was er oder sie künftig bleiben lassen soll. Wer so verfährt, hat auf jeden Fall die besten Voraussetzungen, künftig keine bösen Überraschungen zu erleben.

Zum Mut, Wünsche und Erwartungen offen zu äußern, gehört aber auch das Vermögen zu verkraften, wenn nicht alle unsere Wünsche in Erfüllung gehen, weil Freunde offenbar andere Vorstellungen von dieser Beziehung haben als wir. Bei Ablehnungen und Enttäuschungen erweist sich dieses Vermögen in der Fähigkeit Einsicht zu zeigen, ohne gleich eingeschnappt zu sein. Ist man in der Situation dessen, der einen Korb bekommt, ist es hilfreich, sich nicht in den Schmollwinkel zurückzuziehen, sondern sich einmal darüber Gedanken zu machen, ob das eigene Verhalten nicht vielleicht zu besitzergreifend war, dem anderen die Luft zum Atmen abgeschnürt hat und ihm oder ihr vielleicht gar nichts anderes übrigblieb, als sich aus Selbstschutz zurückzuziehen.

Eine weitere Konsequenz aus einer Zurückweisung könnte auch sein, sich seinerseits mit Avancen künftig etwas zurückzuhalten, Rhythmus und Frequenz der gemeinsamen Aktivitäten für eine gewisse Zeit einmal dem anderen zu überlassen, der sich offenkundig eingeengt fühlt. Das ist auch die einzige Chance für Freundschaften, die an diesem Problem leiden. Denn ganz egal, wie nobel das Engagement auch immer sein mag: Wer sich einem zu hohen Erwartungsdruck ausgesetzt fühlt, versucht sich dem in aller Regel zu entziehen. Auch wenn er noch so sehr in der Lage ist, zu erkennen, daß hinter aller Aktion, die von seinem Freund auf ihn einstürmt, ein hohes Maß an Zuneigung, ja Begeisterung für seine Person steckt, so wird er diesen Druck eher als unangenehm empfinden und ihm auszuweichen versuchen, als sich über die hohe Einsatzbereitschaft seines Freundes zu freuen. Wer über die erforderliche Frustrationstoleranz verfügt und dem anderen nicht gleich den ersten Alleingang übelnimmt, bewahrt sich die Möglichkeit, sich ein anderes Mal wieder besser zu verstehen.

Gerade für beide Beteiligte das Problem zufriedenstellend zu lösen, dem einen Freiraum zu gewährleisten und den Freund, der mehr Gemeinsamkeit will, zurückzuweisen, ohne ihn zu verletzen, ist ungemein schwierig. Aber vielleicht ist eine solche Abweisung für den engagierten Freund ja viel leichter zu verschmerzen, wenn es uns gelingt, ihm zugleich auch unsere Wertschätzung nahezubringen. Wenn wir nicht vergessen zu erwähnen, wie sehr wir es zu würdigen wissen, daß wir ihm offenbar soviel bedeuten, wird er es auch besser verkraften, wenn wir seinem unermüdlichen Bemühen einmal Einhalt gebieten. Häufen sich jedoch die Zurückweisungen und hat einer allen Grund zu der Annahme, daß alles Vorpreschen scheinbar nur noch nervt, ist es für den, der sich umsonst bemüht, irgendwann angebracht zu überprüfen, was eigentlich noch aktiv von der anderen Seite kommt. Ist es zuwenig, sollte man sich nicht scheuen, die Konsequenzen zu ziehen, um sich künftige Enttäuschungen zu ersparen, und die Sache beerdigen.

Brechen oder sprechen?

Obwohl er hoch im Kurs steht, bleibt auch der Beziehungstyp der Freundschaft nicht von der entzweienden Sprengkraft der individualistischen Epoche verschont. Mehr und mehr Beziehungen zerbrechen an einem hohen Ideal. Man scheint häufiger festzustellen, was dazu fehlt, als auf das zu setzen, was man erreicht hat. Freundschaftsvirtuosen wie Montaigne sagen, eine echte Freundschaft gebe es nur alle drei Jahrhunderte einmal. Andere halten sie nur für ein Phantasiekonstrukt des deutschen Idealismus, eine Utopie gar, wie Bernhard Schlink die Idee der Heimat. Wo die Latte hoch liegt, scheint der Bruch vorprogrammiert, Freundschaft wird überfrachtet und überfordert.

Manche ziehen die Konsequenz und sagen, Freundschaft sei ausschließlich etwas Situatives, Atmosphärisches. Wenn es zur Aussprache über ihren Zustand kommt, sei sie schon gestorben. (Den Satz »Du, wir müssen mal über uns reden!« sollten sich selbst Kommunikationsfanatiker in Beziehungsdingen ersparen.) Dieselben meinen, das Sprechen über die Qualität der Freundschaft dort, wo es zur Kritik am Verhalten des anderen wird, sei schon ihr

Totengräber. Sie spielen die Angelegenheit herunter und entziehen sich dem Gespräch, auch wenn es einer der Freunde einfordert – und wenn man sich nicht wieder einkriegt, dann zieht man eben einen Schlußstrich, na und? Das sind oft die bittersten Stunden in einer Freundschaft, zumindest für den, dem noch etwas an der Beziehung liegt. In der Gesprächsverweigerung oder dem Hinweis: »Schüttel' den Pelz, irgendwann trinken wir einmal wieder einen zusammen und verstehen uns wie früher!« kommt nicht weniger als eine Geringschätzung desjenigen zum Ausdruck, den man einmal seinen Freund genannt hat. Offenbar ist die alte Freundschaft nun keinen Pfifferling mehr wert – oder wenigstens soviel, daß man sich ihretwegen noch einmal an einen Tisch setzen würde.

Andere hingegen glauben an den Neubeginn durch ein Beziehungsgespräch. Ob »Über-alles-reden« eine kriselnde Beziehung tatsächlich wieder auf die Beine bringt oder nicht, sei dahingestellt, was es genau bringt, ebenso. Unstrittig ist, daß es Irritationen ausräumen kann, die auf unterschiedlichen Wahrnehmungen beruhen, und ungewollte Verletzungen kurieren könnte, bevor das Vertrauensverhältnis völlig beschädigt ist. Ein solches Gespräch könnte ein Potenzial ans Tageslicht befördern, das latent in der Freundschaft schlummert, aber nicht ausgeschöpft ist. Oder es zeigt letztlich immerhin, daß der Glaube, es stecke mehr in dieser Beziehung, als man denken würde, nur eine fromme Idee war. Ein klärendes Gespräch schafft in jedem Fall eine realistische Sicht auf die Beziehung und gibt ihr eine neue Chance, indem es das, was war und sein könnte, reflektieren hilft, verständlicher macht und dadurch vielleicht akzeptabler.

Wer den Mut dazu hat, wird immer irgendwie belohnt. Sei es auch nur dadurch, daß man im »letzten« Gespräch die späte Gelegenheit hat, etwas über die wahre

Qualität der alten Freundschaft zu erfahren. »Manche meiner Freunde«, stimmt der Freundschaftsexperte Michel de Montaigne diesem Gedanken zu, »unternahmen es zuweilen aus eigenem Antrieb oder auf meine Ermunterung hin, mir unverblümt und schonungslos die Leviten zu lesen. Damit erwiesen sie mir einen Dienst, der für eine wohlgeratene Seele nicht nur nützlicher, sondern auch erquicklicher ist als alle anderen Freundschaftsdienste.«

LIEBER DRAMATISIEREN
ALS BAGATELLISIEREN

Sprechen ist, wie immer im Leben, auch unter Freunden besser als zu schweigen oder zu schmollen. Nicht weil es den Bruch zuverlässig verhindert. Aber das Gespräch kann ihn verhindern, wenn der Konflikt auf Fehlannahmen, falschen Schlüssen und Sichtweisen beruht. Und tatsächlich, manchmal erkennt man plötzlich hinter scheinbar unüberbrückbaren Differenzen nur ein paar Mißverständnisse.

Es kann den Bruch aber auch bestätigen, wenn erkannt wird, daß das, was jemandem einmal als Allerheiligstes galt, immer schon auf Sand gebaut war. Zum Wagnis, über eine Freundschaftskrise zu sprechen, gehört immer auch die Bereitschaft, nicht nur den anderen, sondern auch sich selbst in Frage zu stellen. Dabei muß immer gelten: Dramatisieren ist immer besser als bagatellisieren. Wer um den anderen ringt, zeigt Willen, Charakter und tätige Bereitschaft. Er signalisiert, daß es zumindest für ihn eine bedeutende Beziehung ist, die jetzt in der Krise steckt oder gar zu Ende geht. Wer hier kneift, schludert oder sich wegduckt, dem fehlt die Reife zu einer wahren Freundschaft.

Wenn das Sprechen kein neues Verständnis schafft, dann ist das Ende traurig, nicht aber tragisch. Tragisch sind einzig zerbrochene gute Freundschaften, die noch Potenzial gehabt hätten. Wer solche Freundschaften zerstört, trägt oft unwissend eigene Zerstörungen in sich, die ihm sein Tun diktieren und den eigenen freien Willen behindern. Gute Freunde hingegen, die die Fähigkeit zur konstruktiven Kritik mitbringen, können ihrer Beziehung neues Leben einhauchen. Ein letztes klärendes Gespräch kann plötzlich zum ersten richtig guten werden, einer Art Katharsis, die am Ende ein neues Fundament schafft und die Freundschaft nicht etwa beendet, sondern sie erst richtig stark macht. Einen Konflikt ausgetragen zu haben bedeutet für Freundschaften, die wir nach dem Gewitter noch bewahren wollen, daß wir daraus etwas gelernt haben, was der Zukunft der Freundschaft zugute kommt.

Wenn das Ende richtig ist

Wenn eine Freundschaft endet, dann liegt es nicht in erster Linie daran, daß man sich nicht mehr versteht, vielleicht weil die Differenzen zweier Freunde unüberbrückbar geworden sind. Wenn Freundschaft endet, dann zuallererst, weil das Gefühl und der Wille, befreundet zu sein, verlorengegangen sind. Eine Freundschaft, die nicht mehr den Namen verdient, zu beenden, ist so konsequent, wie um eine gute Freundschaft zu kämpfen. Auslaufmodelle sind solche Beziehungen, in denen der einstige Freund dauerhaft keine Freude, sondern Verdruß bereitet, in denen wir fortdauernd das Gefühl haben, es herrsche kein tiefgehendes gegenseitiges Interesse mehr oder zuwenig Ausgewogenheit. Es sind dies solche Beziehungen, in denen wir nicht mehr bereit sind, sie oder ihn zu ertragen, oder er oder sie uns schlicht auf den Wecker geht, egal, ob aktiv oder dadurch, daß er oder sie sich immer rarer macht. Freundschaften ohne Zukunft sind schließlich Beziehungen, in denen man in der Frage, ob diese Freundschaft – oder der Freund selbst – noch zu retten ist oder doch nur ein hoffnungsloser Fall, nur noch zu einem eindeutigen, abschlägigen Urteil kommt.

Wenn alles gesagt ist, dann sollte uns nichts mehr in dieser Beziehung halten. Dann erfüllt Freundschaft nicht mehr, was sie sollte, Spender von höchster Lebensqualität zu sein. Dasselbe gilt für Freundschaften, die wir vielleicht gerne noch weitergeführt hätten, aber die wiederkehrende enttäuschende Erfahrung machen, das es zuwenig ist, was noch von der anderen Seite kommt. Allein schon aus Enttäuschungsprophylaxe heraus ist es auch dann weitaus besser, sich zurückzuziehen und die Sache auf sich beruhen zu lassen. Auch wenn es vielleicht ein bißchen weh tut, auf die Dauer fährt man besser, wenn man sich von schmerzhaften Illusionen verabschiedet.

Die gestiegene Empfindsamkeit unserer individualistischen Charaktere ist eine willkommene Voraussetzung für mehr Tiefe und Befriedigung in unseren Freundschaften. Enden sie jedoch, ist es dieselbe Empfindsamkeit, die bisweilen auch zu einer tiefen Trauer über den Verlust eines solchen ehemaligen guten Freundes führt. Die neue Freundschaft geht tiefer, und weil sie es tut, kennt diese Zeit nicht nur den Kummer über ein zerbrochenes Glück unter Liebespaaren, sondern auch so etwas wie *Freundschaftskummer.* Das ist nur logisch, ja sogar ein spätes Kompliment an eine einst starke Beziehung, die zerbrochen ist. Denn wo zwei antreten, eine Freundschaft mit höheren Ansprüchen zu pflegen, eine Freundschaft, die offener, vielfältiger und persönlicher ist als vielleicht noch manche der alten Formen, steigt zwangsweise auch das Risiko einer höheren inneren Verletzlichkeit. Der Bruch und das Ende ist unter den Vorzeichen der neuen Freundschaft nicht nur radikaler, sondern oftmals auch schmerzhafter als früher. Denn es ist klar: Wo ich mehr von mir preisgebe, wo ich mich mehr einlasse auf den anderen, steigt zwangsweise der Schmerz, wenn alles endet.

Dennoch verabschiedet man Ex-Freunde besser ohne viel Bitterkeit. Zum eigenen Wohlergehen behandelt man sie nach getaner Trauerarbeit am besten wie die zerbrochenen Urnen unserer Ahnen: ihre Asche in alle Winde, damit man frei wird für neue Freundschaften oder, wie der gute Joachim Ringelnatz schon sagte: »Um neue Freunde zu erhalten, brich als erstes mit den alten.«

Wo es sich lohnt: Versöhnung

Um eine Freundschaft zu kämpfen, die zerbrochen ist, aber in der bis zuletzt auch noch viele gute Gefühle steckten, ist, wenn auch anstrengend, so doch fast immer lohnend. Erfüllende menschliche Beziehungen sind das Wertvollste, was es in unserer individualistischen Existenz gibt. Von der Tiefe der Beziehungen zu unseren Lebenspartnern, Kindern und den guten Freunden hängt unsere Lebensqualität ab, unser Erfolg in Fragen der praktischen Lebenskunst. Nur, »ein Freund, ein guter Freund«, bleibt eben nicht auch noch ein Freund, »wenn die ganze Welt zusammenfällt«, wie es im Lied der Comedian Harmonists heißt, sondern heute braucht es eine große Portion unerschütterlichen Willens, eine Freundschaft durch ein ganzes Leben zu steuern. Wer es schafft, und auch wem die Rettung einer angeknacksten Freundschaft gelingt, dem winkt als Preis das schöne Leben.

Kommen zerstrittene Freunde also zu dem Schluß, daß ihre Beziehung noch gute Chancen gehabt hätte, gestehen sie sich insgeheim ein, daß der Konflikt, der sie getrennt hat, gar nicht so hätte verlaufen müssen, und der

Bruch die schlechteste aller Lösungen war. Eine Versöhnung macht dann oft nicht etwa die verkrachte Beziehung selbst unmöglich, sondern es ist meist der rauhe Stolz, der verhindert sich einzugestehen, daß man einen Fehler gemacht hat. Gerade unter Freunden ist Versöhnung eine selten gesehene Übung, denn Freundschaft bietet in all ihrer schwerelosen Freiwilligkeit eben immer auch größten Raum zu Fluchtmöglichkeiten, die für alle Beteiligten vollkommen folgenlos bleiben.

Oft sind die Fronten verhärtet, weil am Ende eines Konflikts Sätze gefallen sind, die so nie hätten fallen dürfen, weil sie unbedacht, fahrlässig und in einer verletzenden Art und Weise dahergeredet wurden. Solche unglücklichen Verläufe bekümmern am Ende alle Beteiligten, ob sie es zugeben wollen oder nicht. Sie schreien immer wieder nach einer Bereinigung, will man sich selbst nicht später einmal dem Vorwurf aussetzen, nur wegen ein paar dummer Äußerungen eine ganze Freundschaft leichtfertig verspielt zu haben. Und doch sind die meisten zu schwach, um über den berühmten eigenen Schatten zu springen. Und doch ist die Unfähigkeit, eigene Fehler einzugestehen, fast immer größer als noch der ausgeprägteste Wille, noch einmal von vorn anzufangen oder auch nur dort anzuknüpfen, wo man aufgehört hat, bevor es zum Zerwürfnis kam. Anstatt zu tun, was uns das Herz befiehlt, bringen es viele nicht fertig, auf den anderen zuzugehen. Eine unbekehrbare Starrköpfigkeit ist stärker als das gute Gefühl, das es selbst jetzt noch gibt.

Versöhnung ist keineswegs ein erstes Zeichen von Altersschwäche, wie man schon gesagt hat, sondern tatsächlich hohe Freundschaftskunst. Zu ihr gehört eine Menge Mut. Damit Versöhnung nicht bedeutet, daß zwei zum Streiten nur zu faul sind, geht ihr kein neuerlicher Streit, sondern stets ein klärendes Gespräch voraus, an dessen

Ende ein neues Verständnis unter den Beteiligten entsteht. Eine Versöhnung ist immer eine ungeheuerliche Kraftanstrengung, denn der falsche Stolz, der zwei umgibt, die sich überworfen haben, ist wie ein eisernes Gehäuse, das sich um unsere Seele legt und kaum zu durchschlagen ist. Wer den Durchbruch dennoch will, muß gegen massive innere Widerstände ankämpfen, deren größter jenes zähe Gefühl der verletzten Ehre ist, das uns am längsten zuredet, auch dann noch auf einem Irrweg fortzufahren, wenn wir ihn längst erkannt haben. Eine Versöhnung, die dennoch gelingt, ist eine gemeinsame Willensbekundung, einen Neuanfang zu versuchen, die Freundschaft nochmals flottzumachen. Wem sie vergönnt ist, der erlebt oftmals, daß die neue Freundschaft, die sich jetzt anbahnt, erfüllender wird, als es die alte je war.

Sternstunden – Good Vibrations

»Gute Nacht, Freunde,
es wird Zeit für mich zu geh'n.
Was ich noch zu sagen hätte,
dauert eine Zigarette
und ein letztes Glas im Steh'n.
Für die Freiheit, die als steter Gast bei euch wohnt,
habt Dank, daß ihr nie fragt, was es bringt, ob es lohnt.
Vielleicht liegt es daran, daß man von draußen meint,
daß in euren Fenstern das Licht wärmer scheint.«
Reinhard Mey

*D*ie neue Freundschaft ist keine Nebensache. Sie braucht viel Raum und Zeit, viel mehr noch als früher einmal, als noch ein Verständnis vorherrschte, sie gut und gerne nebenbei oder nach Feierabend zu erledigen. Die Freundschaft, die zu uns paßt, gibt sich nicht mehr damit zufrieden, nur eine Randerscheinung unseres überfüllten Terminkalenders zu sein. Sie will, daß wir unseren Ansprüchen auch Taten folgen lassen. Nur, für unsere Freunde genügend Zeit unserer Lebensplanung abzutrotzen, seit uns unser globalisiertes Arbeitsleben zu allzeit flexiblen Nomaden gemacht hat, immer mobil und abrufbar, scheint heute so schwer wie nie zuvor zu sein. Doch je größer die neuen ökonomischen Zwänge – und die unserer pausenlosen Selbstverwirklichung –, um so wertvoller wird die gemeinsame Zeit sein, die wir uns für den anderen nehmen, und um so bedeutsamer wird sie als ein Symbol der Freundschaft selbst. Sich Zeit zu nehmen und das Mobiltelefon auch mal abzustellen, wenn der Freund oder die Freundin zur Tür hereinkommt: das ist wahre Freundschaft. Sich Zeit für die Freundschaft zu nehmen, auch wenn sie so ein knappes Gut ist: darin zeigt sich heute große Freundschaft.

Aber Zeit ist nicht gleich Zeit. Zeit kann verrinnen, und Zeit kann man bewußt verbringen. Freundschaft wird erst zum Erlebnis, wenn man es versteht, Anlässe zu schaffen, in denen wir dieses Gefühl an die Oberfläche befördern. Zeit, in der Freundschaft gestaltet wird oder wir etwas Besonderes zusammen unternehmen, ist viel mehr geeignet, die Einzigartigkeit einer Freundschaft auszudrücken, als sie nur gemeinsam totzuschlagen. Sollen aus schlummernden Gefühlen auch einmal Hochgefühle werden, muß man es außerdem verstehen, Freundschaft zu feiern. Die Zutaten der Freundesfeier sind dabei die gleichen, wie die eines jeden gelungenen Fests: ein geeigneter Raum, Essen und Trinken, gute Unterhaltung und Musik.

Musik ist Trumpf

Es gibt unter Freunden nicht viel Schöneres, als sich zusammen der Welt zu erfreuen. Verbundenheitsgefühle unter Freunden entstehen nicht so sehr, wenn wir die gleiche Partei wählen oder der gleichen Meinung sind, sondern wenn wir eine Übereinstimmung unseres Empfindens feststellen. Was uns gemeinsam rührt, worüber wir gemeinsam lachen oder weinen, läßt ein Freundschaftsgefühl konkret werden. Die Übereinstimmung oder wenigstens die Ähnlichkeit des jeweiligen Musik- und Kunstgeschmacks, von all dem, was man schön findet, gemeinsam bewegt oder ergriffen zu sein, darin erleben wir uns selbst und die Verbundenheit zum Freund. Wenn etwa Django Reinhardts *Minor Swing* bei meinem Freund die gleiche Ergriffenheit auslöst wie bei mir, wenn er die Arie *Torna a Surriento* so liebt wie ich und wir beide im Auto laut mitsingen, wenn er sich von Georges Moustakis Chansons so sehr in den Bann ziehen läßt wie auch ich, dann wird Freundschaft zu einem besonderen Erlebnis. Wenn der Freund mit dem Genie von Brian Wilson und den Beach Boys etwas anfangen kann, vom Sound der Allman Brothers Band genauso elektrisiert ist wie ich und trotzdem auch tief bewegt ist, wenn er die todtraurig-tragischen Klänge von Schuberts *Unvollendeter* hört, wenn wir beide von Pergolesis *Stabat mater* überwältigt sind, gleichermaßen begeistert von den Romanen Flauberts und Stendhals, wenn uns Dostojewskijs *Schuld und Sühne* genauso erschüttert und mitreißt wie *Pulp Fiction* von Quentin Tarantino, wenn wir uns schließlich bei nichts so sehr wegwerfen wie bei einer Folge Laurel and Hardy oder der göttlichsten aller Comedy-Serien, *Fawlty Towers* mit John Cleese, dann fühlen wir uns beseelt und begeistert von dem, was uns verbindet.

Wir empfinden Zusammengehörigkeitsgefühle genauso, wenn wir eines Tages die Entdeckung machen, daß der andere ein Musikstück oder irgendein anderes Kunstwerk, das wir immer nur für unsere spezielle Vorliebe hielten, selbst über alles liebt, ohne daß wir es bisher geahnt hätten. Wir mögen den Freund noch ein bißchen mehr und fühlen uns zu ihm hingezogen, wenn er irgendwann einmal ganz unverhofft Manu Chao auflegt und wir dies nie erwartet hätten. Nun aber wissen wir, daß er, wenn er diesen Sound auch so genial findet wie wir, doch ein ganz großartiger Freund sein muß – und wir beide ein ganz phantastisches Team sein müssen.

Genauso verhält es sich, wenn alles, was häßlich und vulgär, schäbig und minderwertig ist, unsere einvernehmliche Ablehnung erfährt, wenn wir im gemeinsamen Urteil, was nur ambitioniert und dilettantisch daherkommt, als läppisch und lächerlich erkennen und mit geschulten Sinnen verwerfen. Wenn wir uns als Beherrscher des guten Geschmacks erleben, dann fühlen wir auch eine starke emotionale Allianz. Es bestätigt uns nicht nur darin, daß wir mal wieder richtig liegen, sondern schafft auch Verbundenheit, wenn der Freund mit uns das Besondere zu würdigen, das Aufgeblasene abzustrafen weiß und alles Triviale zuverlässig demaskiert.

Wie wichtig Übereinstimmungen dieser Art unter Freunden sind, läßt sich auch in der Gegenprobe bestimmen. Es gibt wenig bedrückendere Szenen in einem Freundschaftsteam, als dem engen Freund eine DVD mit seiner Lieblingsserie vorzuspielen, sich dabei selber schon zum x-ten Mal schlapp zu lachen, man aber feststellen muß, daß sie der andere gar nicht witzig findet. Die Beobachtung ist niederschmetternd, wenn er sich langweilt und es auch nach vielerlei Erläuterungen über Genialität und Hintergründigkeit des Humors nicht gelingt, dem Freund die Quellen des eigenen Amüsements zugänglich zu machen. Es gibt nichts Verdrießlicheres, als die Erfahrung machen zu müssen, daß sich der Freund als ein Mensch erweist, dem lediglich die Klangwelten von Phil Collins, Tina Turner oder Chris de Burgh offenstehen. Es ist ein besonders schlimmes Trauerspiel, die beste Freundin dabei zu beobachten, wie sie die CD »Kuschelrock« in den Player schiebt, wo wir sie gerade für The Doors begeistern wollten. Und es hat schließlich Ernüchterndes, wenn der Versuch fehlschlägt, dem Freunde beizubringen, daß es auch in der Musik nicht nur Schwarz und Weiß gibt, daß Johnny Cash ein großer Künstler war und selbst Julio Iglesias etwas hat, dem man sich nicht verschließen sollte. Es sind bittere Momente einer Freundschaft, wenn es im gemeinsamen Geschmacksurteil nicht mehr stimmt: dann wird erst einmal geschluckt, man blickt betreten zu Boden in der schlimmen Vorahnung, daß Chris de Burgh zumindest ein bißchen der Anfang vom Ende dieser Freundschaft sein könnte.

Es muß aber sicherlich nicht so sein, daß der Freund, soll er ein Freund bleiben, nur all das lieben muß, was wir für schön und gut erachten. Ein Freund ist nicht nur dazu da, uns zu bestätigen. Er kann uns auch auf neue Gedanken bringen, die wir gerne in unsere Welt eingemeinden, froh über diese Bereicherung. Bevor wir jedoch dazu bereit sind, ist es wohl zuerst die Erfahrung von Übereinstimmung in Geschmacksfragen unter Freunden, die die Neugierde vorbereitet, sich auch einmal auf das scheinbar Gegensätzliche zu den eigenen Vorlieben einzulassen, die eigenen vorgefertigten Urteile in Frage zu stellen und sich zu Gemüte zu führen, was der Freund für schön und für gut erachtet.

INSZENIERUNG
DER FREUNDSCHAFT

Gemeinsam das Schöne der Welt aufzusuchen ist das eine, das Verbundenheit schafft. Die Genüsse, denen wir zugeneigt sind, zu inszenieren das andere. Erst die gekonnte Inszenierung einer Freundschaft schöpft aus, was in ihr steckt. Erst die gelungene Inszenierung schafft die Stimmung, in der wir das Gefühl der Freundschaft erleben.

Es gibt tausend Arten, Freundschaft zu inszenieren, und kein Ideal der gelungenen Praxis. Ob Freunde Gefühle höchster Eintracht beim Früchtetee auf dem Schwitzhütten-Wochenende erleben oder bei der zünftigen Vesper in der Almhütte oder im 5-Sterne-Restaurant, ist ganz einerlei. Wichtig ist nur, daß es gelingt, das Besondere einer Freundschaft sichtbar zu machen, indem man ihretwegen einen eigenen Rahmen gestaltet. So wie jede Form von Feierlichkeit auch nur im feierlich geschmückten Raum aufkommt, kommen Freundschaftsgefühle erst richtig auf, wenn man die Stimmung herzustellen weiß, die zu ihr paßt.

Man ist geneigt, jene vollkommene Zwanglosigkeit unter Freunden, in der man sich eben nicht wie sonst im Leben »zusammenreißen« muß, sondern nur ganz selbst sein kann, ohne eine Rolle erfüllen zu müssen, als eine schöne Seite der Freundschaft anzusehen. Freundschaft ist dazu der ideale Ort, eine wohlige Stätte, ein »Waldplätzchen«, wie Robert Walser schreibt, »wo sich's ruhen und liegen und plaudern läßt«, ein Ort, geprägt von der größtmöglichen Herrschaftsfreiheit, eine Oase im Leben.

Es ist jedoch ein Irrtum anzunehmen, erst wer sich richtig gehenläßt und die Sau raushängt, sei ein Freund im Idealzustand. Gerade weil der Ort der Freundschaft solche seltenen Vorzüge hat, sollte man dort nicht einfach herumlungern, herumlümmeln in Lotterhose oder Schlabberlook und die Kinderstube an der Garderobe abgeben. Es ist kein Widerspruch zum Wesen der Freundschaft, sondern Teil der persönlichen Inszenierungskunst, wenn man versucht, sich auch noch im Luxus vollkommener Zwanglosigkeit als kultivierter Mensch zu erweisen, auch noch in aller Intimität, die man mit dem Freund teilt. Gerade weil es eben nicht gefordert wird, kann dort alles, was nicht Nachlässigkeit ist, zum Zeichen der gegenseitigen Wertschätzung werden. Deswegen herrscht unter Freunden kein Eleganzverbot. Im Gegenteil, wer den guten Zwirn, wenn er zur Arbeit geht, nicht anlegt, sondern ausgerechnet dann, wenn er sich zum Freundestreffen aufmacht, zeigt viel mehr als nur gute Manieren. In einer solchen Einstellung kommt eine Wertschätzung zum Ausdruck, die selten geworden ist. Ein gepflegtes Äußeres ist immer auch ein Kompliment an die eigene Umgebung, ein Kompliment an den Freund und viel mehr, als ihm nur immer unsere schlampigen Seiten zuzumuten – auch wenn wir sie aus Faulheit nur allzugern den anderen als die wahren Triumphe unserer Individualität verkaufen.

Es ist nicht verkehrt, sich daran zu freuen, daß der Freund Manieren hat, mit Messer und Gabel zu essen versteht. Sich zu benehmen ist, das wußte schon der so oft mißverstandene Adolph von Knigge, viel mehr Teil einer gelebten praktischen Anthropologie, die dem Menschen in seiner Größe und Würde gerecht wird, als nur steifes Geziere und Gestelze. Selbst der »Benimm« ist nie nur Etikette, sondern intelligentes Sozialverhalten, in dem Werte wie Rücksichtnahme, Gleichheit und auch Toleranz zum Ausdruck kommen.

WANDERLUST: SCHÖN IST DIE WELT

Es gibt tausend Möglichkeiten, einen gemeinsamen Tag unter Freunden zu verbringen. Einen Tag lang shoppen zu gehen und danach noch auf ein Gläschen Sekt – oder Gitarre zu spielen im Park mit anschließendem Picknick. Eine andere Möglichkeit, der Freundschaft den Raum zu geben, den sie von Zeit zu Zeit fordert, um nicht zu verkümmern, ist, sich für ein paar Tage, ein Wochenende vielleicht, der Welt der Zwänge und Pflichten zu entziehen und ihr den Rücken zu kehren. Es liegt am Geschick der Freunde, für eine gelungene Inszenierung der Freundschaft einen schönen Ort und eine abwechslungsreiche Wegstrecke zu wählen, dazu eine gute Unterkunft und ein stimmungsvolles Gasthaus, wo der Tag ausklingen kann.

In der Kühle des Morgens mit dem Freund zu einer Wanderung durch Wald und Wiesen, Berg und Tal aufzubrechen, wenn die ersten Sonnenstrahlen über die Bergrücken kriechen, gut ausgeschlafen und gut gefrühstückt, so könnte der Tag beginnen: Schön ist die Welt, darum

Brüder, laßt uns reisen, wohin es uns gefällt. Die Stimmungen von Tageszeiten und Landschaften gemeinsam zu erleben, ihre Geräusche und Gerüche aufzunehmen, sich für Stadt, Land, Fluß zu begeistern, fremde Wege zu erkunden oder vertraute Täler und Hügel neu zu entdecken. Und schließlich beim Blick in die Ferne von irgendeinem Berggipfel die Erhabenheit dessen, was gläubige Menschen Gottes Schöpfung nennen, gemeinsam zu empfinden: ein solches Outdoor-Erleben kann tatsächlich wie ein Intensivkurs in freundschaftlicher Selbsterfahrung wirken.

Freunde, die für solche Stimmungen empfänglich sind und zu solchen Zielen aufbrechen, erfahren bald eine wundersame Verwandlung. Sie erwandern nicht nur den Schwarzwald-Westweg oder irgendeine Alpenroute, sondern bald schon ein großes Stück einer gemeinsamen inneren Landschaft. Man tritt aus dem Alltag, erlebt sich mit einem Mal selbst als Teil der Natur, durch die man wandert, und sieht sich bald in eine Stimmung versetzt, in der man wie von selbst zu einem guten Gespräch gelangt. Ein solches Wandern durch die Welt, nur zu Fuß unterwegs und ein fernes Etappenziel vor Augen, mit sonst nichts als vielen Stunden vollkommen unverplanter, ungefüllter Zeit bringt den richtigen Blick auf das Leben zurück. Es vertreibt Engstirnigkeit und Verbissenheit, weckt den philosophischen Sinn dafür, in unserer letztlich rätselhaften Existenz – bei aller Tragik die ihr zugleich innewohnt – das Wundervolle zu erkennen.

Wer zusammen loszieht, ist bald guten Mutes. Mehr und mehr verschwinden im Laufe der Zeit die drückenden rückwärtigen wie die sorgenvollen vorwärts gerichteten Gedanken und die, die sich auf den Weg machten, werden offener, freier und empfänglicher für alles, was von außen auf sie einströmt. Der Kopf wird frei für tausend Ideen, neue Betrachtungsweisen, neue Gewichtungen dessen, wie wir unser Leben führen und die betrachten, die uns umgeben – ganz ohne Anstrengung. Beim Wandern mit dem Freund kommen die Gedanken ins Rollen, ganz wie von selber, es ist kein angestrengtes Nachdenken. »Mit einem Freund an der Seite«, schreibt Rilke, »ist keine Straße zu lang.« Wo man sich absichtsvoll so viel Leere aussetzt, fliegen die Gedanken einem bald zu, gute wie schlechte, erfreuliche wie trübe, aber immer irgendwie brauchbare, bereichernde. Die Voraussetzung ist einzig, sich ohne jedes konkrete Interesse fortzubewegen, ohne konkretes Ziel, das über den Zweck, nur zusammen unterwegs zu sein, hinausginge: kein kunstgeschichtliches oder geographisches und erst recht kein sportliches, und wenn doch eines, dann nur das der nächsten Einkehr am Wegesrand. Am Ende des Tages hat sich die Harmonie wie von selbst eingestellt, die Freunde sind innerlich gut aufgeräumt und erreichen bei Sonnenuntergang den Ort ihrer Unterkunft.

Gemeinsam trinken, gemeinsam speisen

Wie einst ist die Kerninszenierung einer jeden Freundschaft bis heute der gemeinsam genommene Trunk geblieben. Nicht mehr nur zur Begrüßung, sondern auch bei anderen Gelegenheiten schafft der geteilte Genuß eines Getränks unter Freunden ein unschlagbares Verbindungsgefühl. Es kann theoretisch jedes Getränk sein, was Freunde zu diesem Zweck wählen. Freunde können sich am besten aufgehoben fühlen, wenn sie sich bei einem Glas Schwipp-Schwapp oder Fencheltee gegenübersitzen. Doch meistens ist es ein Glas Wein oder Bier, das über alle Kulturen hinweg unter Freunden konsumiert wird. Beim Wein oder Bier kommt zum Wohlgeschmack gewissermaßen als

Doppelnote das Anregende und Entspannende in Form eines leichten wohligen Prickelns hinzu, das jene, die miteinander anstoßen, nicht nur geschmacklich dasselbe genießen läßt, sondern sie auch zusammen ein paar Millimeter der Welt entrückt.

Ein frisch gezapftes, kühles Bier unter Freunden versetzt die Runde sofort in helle Euphorie und scheint das, was den Teilnehmern schon gemein ist, noch zu vermehren. Hochstimmung erfüllt den einzelnen und eine höchste Zufriedenheit darüber, daß alle jene, die in der Runde den Genuß teilen, eine vortreffliche Einheit bilden. Die Verstärkung des Freundschaftsempfindens durch den gemeinsamen Genuß von zapffrischem Spitzenpilsener von Welt ist keineswegs nur eine Erfindung der Bierwerbung, sondern hier ist es einmal andersherum: Die Werbung beutet nur aus, was der Mensch schon lange vorher entdeckt hat.

Ein leuchtender, prickelnder Champagner beschwingt auf eine ganz andere, vielleicht elegantere Art Menschen, die ihre Freundschaft damit feiern, und läßt einen die Welt umarmen. Und so tut es der Wein. Zusammen eine Flasche Wein zu öffnen, ist vielleicht das bewährteste Medium, das Freundschaft kennt. Einen feinen burgundischen Rotwein aus Pommard oder Fixin zu goutieren oder sich auch nur einen soliden badischen Gutedel schmecken zu lassen, kann enge Freunde noch enger zusammenrücken lassen. Es ist wie bei der Musik. Auch beim Schmecken fühlen wir in der Gleichgestimmtheit der Empfänglichkeit für die Sinneseindrücke der Welt eine große Verbundenheit untereinander. Aber wohl nur der Wein erreicht beim Wohlgeschmack Höhen des Raffinements, die das einfache Bier nicht kennt. Ein guter Wein kann so umwerfend schmecken, daß zwei Freunde sich noch lange daran erinnern und noch viele Jahre später ins

Schwärmen kommen können. Bier ist diesbezüglich nicht unendlich steigerbar. Dafür liegen seine Stärken darin, nicht nur Hochgenuß zu bieten, sondern auch noch den Durst auf eine unnachahmliche Art zu stillen. Gerade Freunde, die an einem Sommertag gut zu Fuß unterwegs waren, wissen nur zu gut, wie unersetzlich ein kühler Krug mit dem würzigen Gerstensaft sein kann, wenn man erschöpft die Wanderung unterbricht und ein Päuschen einlegt oder zum Ende des Tags am Kachelofen Platz nimmt.

Das gemeinsame Speisen in der Behaglichkeit eines guten Wirtshauses, eines feinen Restaurants oder bei einer Einladung auch zu Hause, ein gemeinsames Essen oder Menu mit eigener Dramaturgie – ganz egal, ob ländlich-deftig, gut bürgerlich oder gehoben französisch, ist die Fortsetzung des Gemeinschaftstrunks. Mit dem Freund gepflegt zu speisen, vollendet jede Inszenierung von Freundschaft. Natürlich kann es dabei nur darum gehen, hervorragend zu speisen, denn das Leben ist zu kurz, und wahre Freunde sehen sich auch viel zu selten, um schlecht zu essen.

Was aber nutzt der beste Wein, das beste Gericht, wenn sie nicht Zutaten zu einem guten Gespräch sind? Erst die Kombination guten Essens und Trinkens mit einem interessanten Wortwechsel ergibt das Gesamtkunstwerk. Das Hin und Her der Worte unter Freunden ist das eigentliche Zentrum der Freundschaft. Ohne den guten Schluck und den guten Bissen jedoch bliebe die Begegnung ungemütlich unausgefüllt.

Erzählen, Räsonieren, Scherzen

Wenn der Tisch gedeckt ist, ist der Ort bereitet für den direkten Austausch im Gespräch – das eigentliche Fest der Freundschaft. Das Vergnügen, das gedanklicher Austausch bringt, begleitet von leiblichem Genuß, mehr geht fast nicht. Man kann es dabei zunächst mit dem alten Kant halten und die Gesprächskunst bei Tisch wie folgt bestimmen: »Bei einer vollen Tafel (...) geht die Unterredung gewöhnlich durch drei Stufen: 1.) Erzählen, 2.) Räsonieren und 3.) Scherzen. Die Neuigkeiten des Tages, zuerst einheimische, dann auch auswärtige, durch Privatbriefe und Zeitungen eingelaufene. Wenn dieser erste Appetit befriedigt ist, so wird die Gesellschaft schon lebhafter; denn weil beim Vernünfteln Verschiedenheit der Beurteilung über ein und dasselbe auf die Bahn gebrachte Objekt schwerlich zu vermeiden ist, und jeder doch von der seinigen eben nicht die geringste Meinung hat, so erhebt sich ein Streit, der den Appetit für Schüssel und Bouteille rege, und nach dem Maße der Lebhaftigkeit dieses Streites und der Teilnahme an demselben, auch gedeihlich macht. Weil aber das Vernünfteln immer eine Art von Arbeit und Kraftanstrengung ist, diese aber durch einen während desselben ziemlich reichlichen Genuß endlich beschwerlich wird: so fällt die Unterredung natürlicherweise auf das bloße Spiel des Witzes, und so endigt die Mahlzeit mit Lachen; welches, wenn es laut und gutmütig ist, die Natur durch Bewegung des Zwerchfells und der Eingeweide ganz eigentlich für den Magen zur Verdauung, also zum körperlichen Wohlbefinden, bestimmt hat.«

Der große Philosoph bringt damit aber nur das Grundmuster eines gelungenen Abends auch unter Freunden auf den Punkt. Ein Freundesgespräch ist jedoch noch weit mehr als nur ein gutes Gespräch unter Tischgesellen. Zum ausgewogenen Hin und Her von Erzählen und Zuhören, von Nachfragen und Auskunft geben, von Abwägen und Urteilen kommt die Gabe, Prioritäten zu setzen und sie beim anderen zu erkennen, je nach der Bedeutsamkeit des Gesagten intensiver zuzuhören und einzugehen auf das, was der andere sagt. Das Freundesgespräch regiert dabei ein vollkommen herrschaftsfreier Diskurs: Jene Plappermäuler und Plaudertaschen, für die der Freund nur Stichwortgeber für eigene Anekdoten und Stories ist, überhaupt für allerlei Formen einseitiger Selbstdarstellung, erreichen nicht die Tiefen des gelungenen Gesprächs unter Freunden. Genausowenig jene, die es nur danach dürstet, einmal wieder vor dem anderen durch allerlei Geistesblitze oder Neuigkeiten zu glänzen. Ein taugliches Gespräch unter Freunden ist frei von Klugscheißerei. Man hat es nicht nötig, aufeinander Eindruck zu machen. Den hat man längst aufeinander gemacht. Das rund laufende Freundesgespräch kennt keine narzißtische Ziererei, kein Prestigegebaren, es hat das Posing nicht nötig, weil wahre Freunde längst wissen, was sie aneinander haben und es sich nicht mehr beweisen müssen.

Es versteht sich, daß man in einem guten Gespräch unter Freunden Gemeinsamkeiten sucht und sich ihrer erfreut, wenn man sie entdeckt. Über abweichende Meinungen ist man freilich nicht verstimmt, im Gegenteil, man nimmt sie als günstigen Anlaß, um den eigenen Standpunkt zu überdenken. Grundsätzlich aber kreist das gelungene Freundschaftsgespräch mehrheitlich um das Gemeinsame, ja versucht es sogar zu vermehren. Man sucht dieses Gemeinsame regelrecht und verständigt sich über all das, von dem man meint, es sei als Gesprächsstoff auch für den anderen von Belang. Dagegen sollte man es unterlassen, die Aufmerksamkeit des Freundes damit unnötig zu strapazieren, ihm von allerlei Sachen oder Personen zu erzählen, von denen man eigentlich wissen sollte, daß sie ihn nicht sonderlich interessieren. So ist es etwa vollkommen daneben, dem Freund ausufernd Vorzüge anderer eigener Freunde unter die Nase zu reiben, von denen man eigentlich genau weiß, daß sie der Freund entweder gar nicht kennt oder, wenn doch, sie nicht im Entferntesten so anregend empfindet wie man selbst. Man stellt nicht eines Freundes Geduld auf die Probe, indem man ihm stundenlang von Kilian oder Sylvia vorschwärmt, vollkommen ignorierend, daß er den einen für einen Aufschneider und die andere für eine taube Nuß hält.

Im gelungenen Gespräch unter Freunden werden wie ohne Anstrengung immer neue Gedanken entwickelt, die von beiderseitiger Attraktion sind. Sie werden bald verworfen, neue, bessere gefunden, auf eine spielerische Art und Weise. Solche Gespräche zu führen, in denen man sich verstanden fühlt, inspiriert durch den anderen, den anderen inspirierend, gemeinsam Gedanken entwirft und weiterentwickelt – was gibt es Schöneres unter Freunden? Oder solche Dialoge, in denen man gemeinsam das Weltverständnis schärft und gemeinsam Problemen näherkommt, ein paar Gedanken behält, sie mit nach Hause nimmt und über sie Tage später nochmals nachdenkt oder, letztlich ganz frei von jedem Erkenntnisinteresse, wenn man nur eine geistreiche und witzige Konversation führt, bei der die Gedanken wie der Ball im Spiel leicht und elegant die Seiten wechseln – was gibt es Besseres, das zwei Freunde miteinander anstellen könnten?

Sich sorgen und stärken

Die erste Funktion des Gesprächs mit dem Freund ist jedoch, sich der Freundschaft zu versichern, indem man ein sich sorgendes Interesse am anderen äußert. Sich über die gegenseitigen Sorgen auszutauschen, erfüllt den Sinn, dem anderen die eigene Anteilnahme anzuzeigen, aber auch ganz praktisch sich am Lindern der Nöte, die hinter seinen Sorgen stecken, zu beteiligen. Es geht darum, Befürchtungen und Beunruhigungen abzuschwächen, wo sie übertrieben erscheinen, zu unterstützen, Probleme des anderen aus der Welt zu schaffen und anzuzeigen, daß man willens ist, durch eigene Mittel, durch Nachdenken und Rat geben die Last des anderen erleichtern zu helfen. In solcher Sorge drückt sich aus, wie wichtig mir der Freund und sein Schicksal ist, wie sehr ich mich mit ihm identifiziere und seine Nöte zu meinen mache. Im Freundesgespräch geht es im Kern um die gegenseitige Versicherung von Schutz und Beistand.

Zur Sorge gesellt sich im Gespräch unter Freunden auch ein aktives Moment: Die andere Art, sich gegenseitig der Freundschaft zu vergewissern, ist es, den anderen aufzubauen, wo er niedergeschlagen und mutlos ist, ihn zu stärken, nicht nur im gastronomischen Sinn, sondern im gefühlsmäßigen. Freunde wissen voneinander genau, wenn geflunkert, beschönigt, übertrieben wird, etwa wenn der Freund nach Feierabend erzählt, wie wacker er sich heute nach dem großen Büroärger im Kollegenkreis geschlagen hat, obwohl er bei Licht betrachtet doch eher eine herbe Niederlage einstecken mußte. Freunde sind dazu da, es einem nachzusehen, wenn im nachhinein die Realität etwas beschönigt wird, statt daß sie den letzten Wahrheitsgehalt einforderten. Man entspricht vielmehr dem unausgesprochenen Wunsch des Freundes, im nachhinein – trotz aller Blamage – doch ein Held gewesen zu sein. Und wer könnte ihm den Gefallen besser tun als der enge Freund? Man läßt ihn gerne, wenn schon nicht vor dem Chef, so doch wenigstens hier am Tisch vor dem Freund glänzen und kreidet es ihm nicht an, wenn die Gescheh-

nisse des zurückliegenden Arbeitstages in der Nacherzäh-
lung nach dem zweiten Weizenbier nicht mehr ganz den
Tatsachen entsprechen. Freunde sind dazu da, einander
zu stärken. Nicht um jeden Preis, denn die gegenseitige
Kritik hat ihren Ort unter Freunden, und es ist kein
gutes Zeichen, wenn ein Freund uns nie kritisiert. Doch
steht noch die schärfste Kritik im Dienst der Stärkung
der Freundschaft. Auf keinen Fall baden Freunde in den
Schwächen des anderen und machen sich über sie lustig,
sondern geben sich gegenseitig das Gefühl, ihr Leben im
Griff zu haben und es gekonnt zu führen, insofern nicht
wirklich Schwerwiegendes dagegen spricht.

Humor, Witz, Geist

Fühlt man sich anerkannt, gewürdigt und geschätzt, dazu
auch noch umsorgt und gestärkt, ist die Zeit gekommen,
sich über die Fragen des richtigen Lebens auszutauschen,
über die richtige Politik, das richtige Sofa, die richtigen
Leute. Über die Vorzüge des eigenen Partners, über guten
oder schlechten Sex, über eine neue CD, ein neues Buch,
einen neuen Film und was man kürzlich an der Tankstelle
erlebt hat. Schließlich zur Feier des Tages mündet alles in
dem puren Vergnügen, seinem flinken Geist freien Lauf
zu lassen, sich an den Geistesblitzen des Gegenübers zu
ergötzen und seinerseits dem anderen die Freude zu be-
reiten, ihm den eigenen Humor angedeihen zu lassen.

Freundschaft ist Herzenssache, und doch hat auch der
Geist in ihr seinen unverzichtbaren Ort. Freundschaft
braucht beides: ein empfindsames Herz und einen hellen,
wachen Geist. Herz zu haben ist nicht wenig, aber Herz
allein garantiert noch kein Freundesglück. Ein Freund,
gutmütig, ja warmherzig, aber dumm wie Bohnenstroh,
mit dem wollen wir uns nicht abgeben. »Dem es an Witz

mangelt, das ist der stumpfe Kopf«, sagt wiederum der alte Kant, und wir fügen voller Überzeugung hinzu, ein solcher wird kaum ein wahrer Freund. Ein heller Geist unter Freunden, das zeigt sich jetzt, ist das Salz in der Suppe jeder erquicklichen Beziehung, oder vielleicht noch eher: der Pfeffer. Ohne Geist ist jede Freundschaft fad, es fehlt die Würze und das, was man im Sport den Spielwitz nennt. Witz ist die individuelle Manifestation des Geistes, ohne den eine nur auf ein starkes Gemüt beschränkte Freundschaft von einer gräßlichen Langeweile bliebe. Sich behüten, sich verstehen ist ein tragendes Element der Freundschaft, Witz, ein feiner Humor das andere, nicht minder bedeutsame.

Man hat gut gegessen, gut getrunken und eine Weile philosophiert. Über dies und das, am Ende über das Philosophieren selbst. Man philosophiert schließlich über philosophische Dilettanten und macht sich bald über jene lustig, die gerne über das »Nichts« philosophieren – oder über Themen wie »Das Loch ohne Rand«. Es wird spät, die Diskussion plätschert aus, Schweigen kehrt ein. Noch unschlüssig ist man sich, ob man noch anderswo ein letztes Glas im Steh'n nimmt. Kurz bevor man sich hinaus in die Kälte der Nacht begibt, um sich auf den Weg zu machen, zückt der englische Freund zur Erfrischung eine Rolle mit Pfefferminzbonbons, die hierzulande Vivil, in England jedoch Polo heißen und auch anders aussehen. Statt wie bei uns in Gestalt einer kleinen Scheibe, ist die englische Süßigkeit wie ein Ring geformt. Der englische Freund bietet dem deutschen Freund ein Bonbon an, deutet in dessen Mitte und sagt: »The piece in the center is the best part of it.«

Ein treffender Witz und mehr noch der Humor, der eher von der Seele als vom erkennenden Geist kommt, sind Zutaten einer Freundschaft, ohne die sie vollkommen kraft- und saftlos wäre. Es ist sogar zweifelhaft, ob es überhaupt eine Freundschaft geben kann, wo sie fehlen. Witz und Humor, die geteilt werden, sind mehr als nur beiderseitig zugängliche Quellen der Vergnüglichkeit, mit der sich die Zeit kurzweilig gestalten ließe. Vor allem im Humor, ähnlich etwa wie bei gemeinsam gefühlter Trauer, kann eine hohe Verbundenheit zweier Menschen zum Ausdruck kommen, die ihn teilen. Wie der Traum ist er eine der wenigen Äußerungen der Persönlichkeit, die am tiefsten an ihr Innerstes heranreicht. Deswegen entdecken Freunde in einem übereinstimmenden Humor, wie nah sie sich in Wahrheit sind. Die berühmte gleiche Wellenlänge unter Freunden hat viel damit zu tun, einen gleichen oder doch ganz ähnlichen Humor zu haben. Das Lachen, auch jenes, das zwei Freunde teilen, ist tatsächlich die kürzeste Verbindung zwischen zwei Menschen, die es gibt.

Im Unterschied zum gemeinsam geteilten Witz hat der Humor eine oftmals in leichter Melancholie getränkte, fast philosophische Erkenntnisnote. In ihm kann eine gemeinsame Haltung zur Welt zwischen Rebellion und Resignation zum Ausdruck gelangen, weil er, wie schon Freud beobachtet hat, »ein Ausweichsversuch des Leidens« ist. Da er eine heitere, ja Trost spendende Übereinstimmung in der Akzeptanz des tragischen Weltganzen herzustellen vermag und bei allem Ernst dazu auch noch lachen kann, ist er vielleicht dasjenige Element, das zwei Freunde ganz existenziell zusammenschmiedet und mittels dessen sie einander am besten kennen- und schätzenlernen können. Viel mehr noch als durch das noch so konzentriert geführte akademische Kolloquium über Sinn und Unsinn, Fülle und Leere des menschlichen Lebens.

So nah sich Freunde in den Sternstunden des feinen Humors wähnen, so schnell kann die Stimmung in
den Keller rauschen, erleben wir den anderen entweder
humorlos oder von solchem Naturell, daß er statt über
Witz nur über Witzigkeit verfügt. Nur eine Frohnatur zu
sein macht nicht schon einen angenehmen Freund: Denn
um nur froh zu sein, bedarf es manchmal wenig, zu wenig
oft. Wer lauthals über das Platte und Derbe lacht, wer nur
blödelt oder kalauert, wem aber verschlossen bleibt, wo
wahrer Witz, wo großer Humor zu Hause ist – im Terrain
der feingeistigen Beobachtung, in der Sublimierung, im
Abwegigen –, der scheidet aus, bevor das Spiel beginnt.
Wer wegen Zoten, Blondinenwitzen oder dem üblichen
Privat-TV-Ulk die Schenkel zusammenpreßt und los-
prustet, offenbart auf beängstigende Weise die eigene Art,
das eigene Wesen, aber vor allem die Grenzen der eigenen
Persönlichkeit. Bezeichnenderweise gerade dann, wenn
sie in höchster Lachlaune sind, bestens aufgelegt und sich
in der Form ihres Lebens wähnen, wenn sie einen Flach-
witz nach dem anderen zum besten geben, machen uns
solche Kandidaten am unmißverständlichsten klar, daß sie
für uns nie und nimmer als Freund in Frage kämen. Eine
wirklich gelungene humorige oder witzige Bemerkung
eines geistreichen Freundes macht ihn dagegen bei demjenigen, dem es vergönnt ist, das Bonmot goutieren zu
dürfen, unsterblich, und sein Witz wird bald etwas sein,
wofür er den anderen schätzt und bewundert.

Immer locker bleiben

Es ist ein seltenes Glück, wahre Freunde zu finden, aber
eine hohe Kunst, sie sich zu bewahren, wenn man sie
gefunden hat. Dies gilt um so mehr in Zeiten, die uns einsam machen und Freundschaften auch noch mit hohen

Erwartungen überhäufen. Die neue Freundschaft ist kein Allheilmittel für sämtliche Nöte von uns modernen Individualisten und braucht es auch nicht zu sein – und dennoch schenkt sie uns viel, wenn wir das Geschick aufbringen, sie richtig zu führen.

Wahre Freundschaft ist zweierlei: eine Burg, die schützt, stärkt und auf die Verlaß ist, und ein freier Flug von beschwingter Leichtigkeit. Schutzbündnis und Spaßgesellschaft, Ort der Sicherheit und der Freiheit. Sie kann nur beides sein, ernsthaft, tief und höchst verbindlich, aber zugleich auch federleicht und entspannt. Das ist kein Widerspruch, sondern ihr eigentliches Geheimnis. Erst wo die Fundamente einer uneinnehmbaren Festung gelegt sind, wo die ganz und gar ernsthafte Sorge um den anderen ein dauerhaft tragfähiges Element einer Beziehung wird und erst wo eine gewisse Beziehungssicherheit herrscht, kann eine Freundschaft auch ganz ungezwungen, leicht und locker sein. Das eine kommt ohne das andere Element nicht aus. Nur locker-lässig ist bald nur oberflächlich und unverbindlich, nur todernst und schwermutstriefend bald ohne jede Lust und Beschwingtheit. Oder um im Bild zu bleiben: Zwei Sportsfreunde können nur locker und leicht aufspielen, wenn beide zuverlässig voneinander wissen, daß beide Spaß am Spiel haben, und keiner befürchten muß, daß der andere schon nach wenigen Minuten zum Spielverderber wird und den Schläger in die Ecke wirft.

Eine vertraglich garantierte Beziehungssicherheit über die Jahre hinaus gibt es in keiner menschlichen Beziehung, schon gar nicht in einer Freundschaft. Dazu ist sie eine zu eigenwillige Konstruktion. Freunden bleiben dennoch vielfältige Möglichkeiten, sich immer wieder der Stärke ihrer Verbindung zu vergewissern, und sollten sich die Bande gelockert haben, diese neu zu befestigen. Das fortwährende Neugründen von Beziehungssicherheit unter Freunden ist die eigentliche Kunst der Freundschaft. Sie ist *work in progress,* eine nicht endende Aufgabe, so lange eine Freundschaft besteht. Dieser Umstand schwört manche Gefahr herauf und macht Freundschaften so ungemein störungsanfällig. Er begründet aber auch erst jene so eigene Schönheit eines so unbezähmbaren Beziehungstyps, in dem es weder unbedingte Pflichten gibt noch irgendwelche Treueschwüre gelten.

Die neue Freundschaft ist keine Utopie, sondern eine durch und durch reale Beziehung. Es mag durchaus sein, daß sie zu skizzieren gelegentlich in der Beschreibung eines Ideals mündet, das es in Wirklichkeit nirgendwo gibt. Dennoch ist die neue Freundschaft selbst kein Ideal. Sie ist eine reale Lebensform – die allerdings einem Ideal folgt. Aber nicht aus irgendeinem Selbstzweck, sondern nur deswegen, weil in ihr die Chancen für jeden von uns schlummern, ein erfüllteres Leben zu führen. Wenn diese Freundschaft heute so anspruchsvoll ist, dann nicht weil sie eine knifflige Trockenübung lebensferner Virtuosen sein soll, sondern um zu zufriedenstellenden realen Beziehungen zu führen. Wenn es für sie unerläßlich ist, daß die anspruchsvollen gegenseitigen Erwartungen und Wünsche einer ernsthaften und verbindlichen Auseinandersetzung unter Freunden bedürfen, dann keineswegs, damit der Spaß zu kurz kommt. Im Gegenteil, die Kunst der Freundschaft zu erlernen hat nur den einen Zweck, am Ende in den Genuß ihrer wahren Freuden und Stärken zu kommen, ihre Vorzüge und Qualitäten zu kosten, die unser Leben so bereichern.

Neben dem Glück, Freunde zu finden, und der Kunst, eine Freundschaft zu führen, braucht es dazu vor allem Mut. Ob aus Menschen, die sich zugeneigt sind, auch wahre Freunde werden können, darüber entscheidet fast immer der Mut, einmal den Schritt aus der Unverbindlichkeit zu tun. Viele scheuen diesen Schritt, denn darin liegt immer das Risiko, zurückgewiesen zu werden. Aber nur wer ihn wagt, kann auch belohnt werden. Es dürfte leichter fallen, diesen Schritt zu tun, wenn man sich vorher klargemacht hat, wie hoch die Belohnung ausfällt. Das aber kann nur, wer weiß, was wahre Freundschaft ist.

FRIEDRICH NIETZSCHE

Unter Freunden
Ein Nachspiel

1

Schön ist's, miteinander schweigen,
schöner, miteinander lachen, -
unter seidenem Himmels-Tuche
hingelehnt zu Moos und Buche
lieblich laut mit Freunden lachen
und sich weiße Zähne zeigen.

Macht' ich's gut, so woll'n wir schweigen;
macht' ich's schlimm –, so woll'n wir lachen
und es immer schlimmer machen,
schlimmer machen, schlimmer lachen,
bis wir in die Grube steigen.

Freunde! Ja! So soll's geschehn?
Amen! Und auf Wiedersehn.

2

Kein Entschuld'gen! Kein Verzeihen!
Gönnt Ihr Frohen, Herzens-Freien
diesem unvernünft'gen Buche
Ohr und Herz und Unterkunft!
Glaubt mir, Freunde, nicht zum Fluche
ward mir meine Unvernunft!

Was *ich* finde, was *ich* suche –,
stand das je in einem Buche?
Ehrt in mir die Narren-Zunft!
Lernt aus diesem Narrenbuche,
wie Vernunft kommt – »zur Vernunft«!

Also, Freunde, soll's geschehn? –
Amen! Und auf Wiedersehn!

Zum Autor

Martin Hecht wurde am 5. November 1964 in Würzburg geboren und wuchs in Rottweil am Neckar auf. Er wohnt heute mit seiner Frau und seinem Sohn in Mainz, würde aber viel lieber in München leben. Er ist Schriftsteller und Publizist. Sein letztes Buch erschien 2004 im Deutschen Taschenbuch Verlag unter dem Titel *Das große Jagen. Auf der Suche nach dem erfolgreichen Leben* und befaßte sich mit der Macht des Prestiges in der heutigen Erfolgsgesellschaft. 2000 veröffentlichte er im Reclam-Verlag den Essay *Das Verschwinden der Heimat,* der sich mit den Folgen des globalen Heimatverlustes beschäftigte – und an den dieses Buch anknüpft.